たった一つの自信があれば、人生は輝き始める

有川真由美
Mayumi Arikawa

きずな出版

プロローグ――
あなたは、いまの自分に自信がありますか？

この本を手に取ってくれたあなたはとても謙虚な人で、

「いえいえ、自信なんてないです……」

と言っている人ではないでしょうか。そして、

「でも、できることなら、自信をもてる人になりたい」

と思っている人ではありませんか。

そんなあなたの気持ちに応えるために、この本はあります。


じつは、私も「自信なんてない……」と思っている一人でした。

「自信なんてなくてもいい。生きているだけで」

そんなふうに開き直っているところもありました。

いまも、自信満々というわけではありません。

でも、小さな自信をもったことから、毎日が楽しくなり、いろいろな希望をもてるようになり、そして、自分で人生を切り開いていけるようになりました。

自信のないままの自分だったら、いつもあきらめてばかり、まわりに流されてばかりの人生だったでしょう。

あなたにも、この不透明な時代を明るく、楽しく、しなやかに生き抜いていくために、たった一つのことでいい、自信のあるものをもってほしいと思うのです。

たった一つの自信があるだけで、「私にもできるんじゃないか」という可能性がぐんぐん広がり、堂々と人と接することができるようになり、人生は輝き始めるからです。

❖――優等生なのに自信がもてないのはなぜ？

管理職やリーダーに抜擢《ばってき》されるというとき、それまで、そうなることをなんとなくイメージしてきた男性たちが「はい、がんばります！」と喜ぶのに対して、女性がいちばん多く口にするのは、次のひと言だそうです。

「私に務まるでしょうか？」

つまり、自信がないのです。

従来の男性リーダーの姿と照らし合わせると、「私には足りないものがある」「あんなにがんばれない」「しかも女性だし……」などと思ってしまうのでしょう。

自信のない人は、「自分はできる」というイメージが描けないのです。

また、いろいろなことができて、礼儀正しく、性格もいい優等生タイプの女性にかぎって、自信をもてていないことがあります。そつのない仕事ぶりをほめても、「いえいえ、私なんか全然できていないです」と、〝自己肯定感〟が低いのです。

自己肯定感とは、自分のことを「価値がある」「大切である」と肯定する感情のことです。謙虚さもあるでしょうが、それを差し引いても、「もっと自信をもてばいいのに」と思うことが少なからずあります。

おそらく、「自信がない」というのは、「できていないところがたくさんある」ということなのでしょう。がんばって、がんばって、さまざまなことをきちんとしようとしても、不足な点は次から次に出てきて不安から抜け出せない……。

優等生タイプの人は、「できないこともある自分」が認められないのではないですか？

どんな人でも、「私って、どうしてこうなのか」と自信をなくすことはあります。

これは、私たちの育ってきた教育環境も影響しているかもしれません。

子どもにとって、いちばん明確な価値基準になるのは、まわりの子どもとの比較です。優《すぐ》れている人を見て「自分はダメだなぁ」と思った経験は誰でもあるはずです。

勉強ができても、体育はまったくできなくて（または、その反対で）、「なんでほかの人みたいにできないんだろう」と、自分が嫌になることもあったかもしれません。

そんなふうに「人と同じようにやらなければ」「これもあれもできなければ」というプレッシャーが無意識に染みついてしまっているのです。

私たちは、つねに社会から、たくさんのものを要求されて生きています。

日々の生活は、やるべきことで、がんじがらめになっている状態かもしれません。

そんなまわりから求められる（と感じる）〝理想〟に、自分を当てはめようとしていたら、

〝現実〟の自分に不信感をもつのは、あたりまえなのです。「理想の自分」と、そうなれない「現実の自分」のギャップが、私たちから自信を奪《うば》っていくのです。

❖――そもそも、自信って何？

それまで自信のなかった人が、自信をもったことで、まるでさなぎから蝶に変わるように、明るく積極的になることがあります。

たとえば、学生のころ、引っ込み思案で地味で目立たなかった人が、念願の仕事に就けたことから、服装や話し方まで洗練されていくことがあります。

きっと「あこがれの場所で働く自分」に自信をもったのでしょう。

また、これまで女子会で愚痴ばかり言っていた人が、恋人ができたことや、結婚したことで、気持ち的に余裕ができて、やさしく穏やかになることがあります。

きっと「愛されている自分」に自信をもてるようになったからでしょう。

何かのスキルを身につけたり、大きなことをやり遂げた人が、さらに何かに挑戦しようとすることがあります。

きっと「何かを達成できる自分」に自信ができたのでしょう。

たった一つ、自信をもつだけで、人は自然に、鮮やかに変わることができるのです。

❖――赤ちゃんは100%自信をもっている

私たちはよく、「もっと自信をもちたい」「もっと自信があったら……」というように、自信は獲得《かくとく》するもののような言い方をします。

でも、自信というのは、誰もがもともともっているものです。

幼い子どもは、自分のことを100%、信じています。

「もしかしたら、歩けないかもしれない」「しゃべれる自信がない」とは思わないでしょう。

当然のこととして、立ち上がって歩こうとしたり、しゃべろうとしたりします。

たとえ、なんらかの理由でそれができなくても、それを自然に受けとめて、自分のできることを探して楽しもうとします。

自信とは、「ありのままの自分」を信じて生きていこうとする力でもあります。だんだん自信をなくしていくのは、自分の価値を評価するようになるからでしょう。自分の欠けている部分に意識を向けていると、どんどん自信がなくなっていきます。しかし、「劣《おと》っているところもあるけれど、優れているところもある」「できないこともあるけれど、できることもある」と、自分のもっているものに目を向ければ、自信を奪われることはありません。自分なりの可能性を見つけて生きていこうとします。

❖——価値がない人なんて、いない

「私には特別なものはない」「優れているところはない」と言っている人でも、かならず、恵まれているところ、人にほめられるところがあるはずです。

もしくは、ひょんなことから「自分にもできる!」「いけるじゃないか!」と自信をもてる瞬間があるでしょう。

そんなところに、まず自分自身が気づいて、生かしていってほしいのです。

誰もが自信をもちたい、輝ける自分でありたいと努力をしますが、大切なのは、努力の方向です。

欠点を埋める努力をするよりも、長所を伸ばす努力をしたほうが、自信になります。

「やるべきだと思っていること」を嫌々《いやいや》やるよりも、「やりたいこと」を楽しんでやっているほうが自信になります。たくさんのことをやろうとするよりも、一つのことを丁寧にやったほうが自信になります。

自信をもつことは、他人やまわりにむやみに合わせようとすることではなく、「自分は自分」「私にもできることがある」と、自分のなかの価値に目を向けること。

そして、そんな自分と、まわりを調和させていくことです。

あなたが自信をもつための小さな種は、すぐ近くに隠れているかもしれません。

誰でも、自信をもつことはできるのです。

それでは、どんなふうに自信は生まれて、それによって人はどんなふうに変わっていくのか、そんなところからお伝えしていきましょう。

有川真由美

たった一つの自信があれば、人生は輝き始める

◆目次◆

プロローグ――
あなたは、いまの自分に自信がありますか？

優等生なのに自信がもてないのはなぜ？　2
そもそも、自信って何？　5
赤ちゃんは１００％自信をもっている　6
価値がない人なんて、いない　7

第1章
自信は小さなきっかけから生まれる

自分のことが嫌で、嫌でたまらなくなったとき　20
自分のなかに価値を見つける　24

一歩を踏み出して、見通しをよくする 27
人の役に立てる自分に気づく 30
信頼する人にほめられた言葉は、一生の宝物 33
厳しい環境で「がんばれた自分」を認める 36
「好き」が「才能」をつくっていく 40
愛されること、愛することが自信になる 44

第2章

コンプレックスと仲良くしよう

「コンプレックス」を言い訳にして、人生をダメにしない 48
コンプレックスがあっても、信頼できる自分になる 52

「ありのままの自分」でいられなくなるとき 55
「理想の自分」と「そうでない自分」 58
「コンプレックス」から〝感情〟を切り離す 61
自分のできることにエネルギーを投入する 65
コンプレックスがチャームポイントになる 69
人のコンプレックスなど、誰も気にしていない 72

第3章

少しずつ自信を育てる毎日の習慣

習慣1……「やればできる貯金」をコツコツ貯める 76
習慣2……とりあえず5分だけやってみる 80

習慣3……とりあえず「できます！」と言ってみる 83
習慣4……身だしなみを清潔に整える 85
習慣5……自分からあいさつする 88
習慣6……メニューは直感で選ぶ 90
習慣7……心が動いたら「どうしてなのか？」と考える 94
習慣8……百点満点を目指さない 97
習慣9……「やること」「やらないこと」を明確にする 100
習慣10……「常識」と「情報」を疑う 104
習慣11……自信のなくなる言葉を使わない 108
習慣12……断ることを恐れない 112
習慣13……人にはやさしく、掛け捨ての親切をする 115

習慣14……毎日続ける〝決めごと〟を、一つもつ　118
習慣15……計画は最小限に立てる　122
習慣16……万が一を〝ちらり〟と考えておく　126
習慣17……自分も相手も裁くのをやめる　130
習慣18……笑顔で毎日を過ごす　135

第4章
たとえ傷ついても自分を全否定しない

誰かによって傷つけられることはない　140
叱られても全否定されたわけじゃない　144
自分なりのケリをつけて前に進んでいく　148

自分を非難する言葉に「同意しない」 152
つらいときは思いきり泣く、話を聞いてもらう 156
愛されていること、愛していることを思い出す 160
「欲望」と同じだけ、「感謝」の気持ちをもつ 165
自信をなくしても、ゼロにはならない 169

第5章

自分が行きやすい道を選択して生きる

たった一つの自信からスタートしよう 174
自分を〝枠〟のなかに閉じ込めない 178
「私にしかできないこと」を考えてみる 182

慣れることで恐れを乗り越えていく　186
いちばん大きな自信は、これまで生きてきたこと　190
自信の正体は〝愛〟と〝自由〟だった　194
遠まわりになっても、休み休み行っても、ＯＫ！　198
自分を信じる力が、あなたの可能性を開く！　202

たった一つの自信があれば、人生は輝き始める

第1章

自信は小さなきっかけから生まれる

自分のことが嫌で、嫌でたまらなくなったとき

ずいぶん無謀《むぼう》な夢をかなえてきました。

お金がなくなったときも、仕事がなくなったときも、一人で住む場所がなくなったときも、「なんとか生きていけるだろう」と思ってきました。

私に優《すぐ》れた能力や、強靭《きょうじん》な精神力があったのかというと、どう考えても、そんなことはありません。

私は、おめでたいほど明るい未来を描いて、「きっとそうなる」と信じてきました。

たったそれだけのことです。自信に理由はいらないのです。

いいえ、かつての私は、自信なんてまったくありませんでした。

〝できる人〟や〝認められる人〟になれれば、自信はつくものだと思っていました。

でも、どれだけがんばってもそんな人にはなれず、たまたまうまくいって自信をつけても、上司に叱られたり、他人と比べたりすると、また自信をなくすことの繰り返し。いつまでたっても、自分で自分を否定するばかりで、自信のある自分にはなれませんでした。

自分のことが嫌《いや》で、嫌でたまらなくなったとき、やっと気づいたのです。

「待てよ。いまの自分でも、じゅうぶん、できることはあるはずだ」と。

そして、お金や能力や年齢など、できない理由はすべて除外して、本当にやりたいことを考えて、それがかなったことをたくましくイメージしました。

願いがかなった状景を、まるで映画のワンシーンのように鮮《あざ》やかに思い描いて、それを朝起きたとき、寝る前、一日に何度も、ワクワクとしながら思い浮かべました。

ただそうなると信じて、足元の小さな自信を積み重ねているうちに、無謀だった夢も、いつの間にか「もしかしたら、いけるかも」と射程範囲になり、ある日、それらのイメージはあっさりと実現したのです。

うまくいかないとき、自信のないとき、どん底のときほど、この希望ともいえる逆転劇のワンシーンを、しつこいほど思い浮かべました。それをぎゅっとつかんでいなければ、そこから這《は》い上がれなかった、ということもあります。

「私はこうなるのだ」とイメージするとき、心に明るい暗示がかかり、不思議とそれに関わるサポートがあれこれ集まってくるのです。

私たちの未来は、望んだ分だけ与えられるのではないでしょうか。

「最高なこと」を妄想《もうそう》する

もう一つ、私には「やりたいことは、やれること」だという確信があります。

私たちは心の奥で自分ができること、できないことをちゃんとわかっているのです。

その時点では、やれる根拠がなくても、能力がなくても、可能性はあるのです。

情熱的な願望であり、自分なりの適切な方法を見つけられたら、それは実現する……。つまり、「行きたい目的地」と「そこに行く道のり」がはっきりとわかれば、当然のこととして到着できるのです。

自分を評価したり、自分を変えようとしたりすることでは、自信はつきません。

それよりもまず、自分の心に正直であること。「こんなことになったら最高」と明るく

〝妄想〟することのほうが大事です。

ワクワクする妄想は、人生を変えるほどの大きなエネルギーがあるのですから。

「そうはいっても」「まさかできるはずない」などとむずかしく考えてはいけません。

ただワクワクしながら、その場所へと進んでいるうちに、経験値が増えて、だんだん自分のなかの手札も増えてきます。

それこそが、自信となるのです。

「できると信じるか？」「信じないか？」

小さい目標から大きな夢まで、私はいつも信じるほうを選んできました。

むずかしいと思えることも、信じるほうに賭けてきました。

夢や目標をかなえるという〝結果〟が本来の目的ではありません。

信じたほうが断然、楽しい。信じることは、「いまの自分」を最大限に輝かせてくれるからです。

自分のなかに価値を見つける

デビュー作を書くチャンスがめぐってきたとき、私は「ベストセラーになる本を書こう」という目標を立てました。

いま冷静になってみると、本を書いたこともないのに、大それたことを考えたものです。「横浜駅地下街の書店のベストセラーコーナーに私の本が並んでいて、それを夢中になって読んでいる会社帰りの女性」を頭のなかの映像で思い描き、当時の売れている本を片っ端から読みあさりました。

しかし、そんな本を読めば読むほど「私には、こんな立派な本が書けるわけがない」と自信が失われていくのです。

そこで、キョロキョロすることをやめて、「いまの私で、最大限に人を喜ばせることだけに集中しよう」と考えました。

むずかしいこと、立派なことを書かなくても、「働く女性」と同じ目線で共感できること、役立つことを書けば、きっと喜んでもらえるはずだ、と確信していました。

「私は、誰よりもたくさんの職場を見てきた。誰よりもたくさんの転職をして、たくさんの苦い思いをした。だから、私でなければ書けないことがあるはずだ」と。

そして、ひたすらそれに向かって進み、毎日祈るように描いていた横浜駅地下街のワンシーンは、ある日、デジャブのように現実になったのです。

「できること」を信じて生きていく力

自信というのは、「どうすれば自信がつくのか？」とまわりをキョロキョロしても、つくものではありません。

自分のなかにないものを求めても、自信はなくなるばかりです。

「自分のなかの何が力になるのか？」「何が人を喜ばせられるのか？」と自分のなかにある価値を見つけて、生かそうとすることが自信になるのです。

たとえば、体力がある人はそれを生かしていけばいいでしょう。

料理が作れるなら、それで人を喜ばせることができます。

何にもないと思う人でも、人にやさしくすることはできるはずです。

そんな小さな自信は、「いまの自分でも、できることがある」と自分を信じて生きていく力になりませんか？

自信をもつことは、外へ外へと世界を広げていくことのようですが、実際は、自分の内へ内へと目を向けて、自分のなかにあるものに〝敬意〟をもつことなのです。

自信とはすばらしいもので、「私にはできることがある」と、たった一つだけでもその力を信じただけで、顔が輝いていきます。

自分のできる小さなことを糧《かて》にして、もっとできること、他人を喜ばせることを思いつくようになります。

私たちには、まだまだできることがあるはずです。

それを素直に信じてみませんか？

一歩を踏み出して、見通しをよくする

ある友人は、50代後半で離婚をして、地方から東京に出てきました。

それまでずっと子育てと看護教員の仕事をしていて、都会で暮らすのも、一人暮らしをするのも、転職するのも初めての経験でした。

それまで、「~でなければならない」という気持ちが強く、家族や地域での生活を守ってきたのですが、子育てが終わったことから、これからは「自分のために生きよう」と思ったのだとか。

都会での生活にいくらか不安があったものの、動き始めると、自信が出てきたようです。

教員の仕事を見つけて、たくさんの友だちができて、毎日を楽しんでいました。

そして、数年働いたあと、突然、安定した職場を辞めて、「起業したい」と言い出したのです。まわりの人にマッサージやヒーリングセラピーをしていたら、口コミで顧客が増え、全国からそれを教えてほしいと呼ばれるようになったからでした。

「最初は、毎月のお給料が途絶えてしまうのは、ものすごく怖いことだと思っていた。でも、思い切って辞めて、本当によかった。いまは、やりたいことをやっているから、面倒なことも苦にならない。お金のことも、なんとかなるって思えるのよね」

友人は、一歩を踏み出すことで、一つひとつ、自信をつけてきたのです。

案ずるより産むが易《やす》しで、「あれこれ心配はあるけれど、やってみたら、意外に簡単だった」ということは多いものです。

それまであまり動かず、じっとしていた人にかぎって、いざ一歩を踏み出すと、次々に大胆な挑戦をするようになることがあります。「へー。やればできるんだ」という新鮮な快感は、行動を次々と後押ししてくれるからです。

私も大きな挑戦をするようになったのは、30代後半になってからです。

不安がまったくなかったといえば嘘になります。最初からうまくいく自信もありません。でも、前へ前へと進んでいるうちに、「いけるかも」と見通しが立つ瞬間があるのです。

新しいことが一つできたら、「もっとやってみたい」「ほかのこともやってみたい」と思います。人間にとって「できた！」という快感は、クセになるほどの喜びなのです。

「なーんだ、できるじゃん」

自信とは、「見通しがつくこと」であり、動いているうちについてくるものです。

頭で考えているだけでは、よくないことばかり浮かんで不安が増すだけでなく、「やりたいことをできない自分」として、自分への信頼はなくなっていきます。

一歩を踏み出せば、「なーんだ、できるじゃん」と、霧がパーッと晴れていくように、自信がついてくるのです。

一度自信がつけば、同じような行動や挑戦は、いとも簡単にできるようになります。

不安というものは、自分がつくり出した幻であったと気づくでしょう。

あなたには、やりたいことをやる力が備わっているはずです。「やりたいことに一歩を踏み出せる自分」という自信は、あなたのなかにしっかりと根づいていくのです。

人の役に立てる自分に気づく

ハリウッド化粧品を広め、ハリウッド美容専門学校学長だった美容家メイ・ウシヤマさんは、幼いころから「女の子は、美しくなければいけないのだ」と思っていたそうです。

かわいい女の子は、男の子たちから野に咲いている花をプレゼントされるけれど、色が黒くて、目だけが大きいメイさんは、まったく花をもらうことがなかったからです。

そんなメイさんが、牛山清人さんと結婚したことから人生が大きく変わります。

夫の牛山さんは、ハリウッドで一旗揚げようとスタントマンになりましたが、手先が器用だったことから、メイク部門に移り、そこでマックス ファクターの化粧品の知識を学びます。

メイさんも夫について渡米し、オードリー・ヘップバーンの担当だったエディ・センズから、もっとも新しいハリウッドの美容術をマスターしたのでした。

日本に戻ったメイさんが輝き始めたきっかけは、ハリウッドの美容法を教えた若い女性たちが、日に日に美しくなっていく様子を目の当たりにしたこと。また、国際社会に出ていく日本の女性たちに「中年になったら痩せてはいけない。貧弱な体ではたっぷりと豊かなドレスが着られないから」など、美のアドバイスができたことでした。

メイさん自身、90歳をすぎてもふくよかな体型で、着物姿とお団子ヘアがトレードマークでした。個性を最大限に生かした美は、女性たちのあこがれと希望にもなったのです。

「してあげられること」がある！

なりゆきの人生でも、そこから何かを学ぼう、人の役に立とうとすることが、自信になることもあります。

私の友人でも、夫の転勤について40代でアメリカに行ったときに英語を学び、50代で台湾に行ったときには中国語を学んだ人がいます。旅行にやってくる人たちの通訳をするうちに自信をつけて、「きっと、これから何かできることがあるんじゃないかと思うの」なんて言っています。

ある高齢女性は、訪問介護員として働くようになってから、それまでよりずっと元気になったといいます。

「自分が介護される側だと思っていたけど、介護するほうがずっといい。病気のこと、料理のこと、いろいろ勉強することが多くて大変だけどね」と毎日楽しそうです。

介護者に「あなたが来てくれるとうれしい」と言われると、うれしくなって、仕事時間外でも顔を見に立ち寄ることもあるとか。

「してもらうこと」よりも、「してあげられること」がある、というのは、人として大きな喜びであり、誇りなのです。

メイ・ウシヤマさんも、自分が美しくなることよりも、人を美しくできることのほうがさらに自分を輝かせてくれることを実感していたのでしょう。

自分の提供できる能力に気づいたとき、それが自信になっていくのです。

信頼する人にほめられた言葉は、一生の宝物

さまざまな仕事を転々としてきた私は、30代半ばで新聞社で働き始めて、フリー情報誌の編集やライターの仕事をするようになりました。

最初は、まったく文章を書けない状態。高校、大学は理系で、国語も作文も大の苦手だった私は、ほんの数百字の記事を書くのに、何日もかかっていることがありました。

編集長に原稿をもっていっても、「この記事、何を伝えたいのかまったくわからない」などとダメ出しをされてばかりでした。そして何度も何度も書き直してもっていく……。そんなことが1年ほど続いて、2年目でやっと書き方のコツがわかってくるようになり、3年ほどでその職場を去ることになりました。

そのとき、私は、無謀にも東京に出てフリーライターになろうと思っていたのです。

最後の出勤日に、私にダメ出しばかりをしていた編集長が言ってくれた言葉がいまでも忘れられません。

「いまのあなたなら、どこに行っても大丈夫」

その言葉は、「東京でも通用するんだろうか」という私の不安を吹き飛ばしてくれました。新聞記者としてもベテランの編集長が言ってくれるのだから、きっとそうなのだろうと思えたのです。だから、東京でも雑誌社や出版社の編集部に「何でも書けます！」と自分を売り込むことができたのです。

本の依頼がくるようになって「私にそんなテーマが書けるんだろうか」と不安に思っていたときに背中を押してくれたのは、担当編集者のこんな言葉でした。

「あなたならできるでしょ」

すると、それまでの不安がパッと吹き飛んで、「きっと私には、そんな力が備《そな》わっているのだろう」と思えてくるのです。

ほめ言葉は、言葉の通りに受けとる

信頼している人の言ってくれる言葉は、自分への信頼になるものです。

子どものころ、学校の先生、親戚のおばちゃんなどから言われたほめ言葉は記憶に残ります。「この人が言ってくれているのだから、きっとそうなのだろう」と。

新しい仕事、むずかしい仕事を任されたときは、「あなたならできる」と思われている証拠。そんな期待に「いえいえ、私なんて」と拒否することなく、「そうですか。それならば……」と前向きに考えることが、自信になっていきます。

ほめ言葉と同じように、叱ってくれる言葉、忠告してくれる言葉も、「それを改善したら、もっとよくなる」と素直に受けとり、自分の成長に役立てることができます。けっして自分を否定されたように受けとってはいけません。

自分の価値を認めてくれる人の言葉はしっかり受けとって、大切に、大切に育てていきたいものです。

厳しい環境で「がんばれた自分」を認める

私は20代のとき、いわゆる〝ブラック企業〟といわれる会社で働いていました。朝早くから深夜や明け方まで働いて体はヘトヘト、人間関係もむずかしく、精神的にも追い詰められた状態でした。

でも、「もう一日だけがんばってみよう」「あと1か月だけ……」を繰り返していると、なんとか乗り越える術《すべ》も身についてきて、その職場を辞めたあと、不思議な自信がついていることに気づきました。

「ここでがんばれたのだから、これからどんな場所でもやっていけるだろう」と。

それは、10代のころ、猛勉強して結果を出したり、部活動で特訓を受けて強くなれたことを実感したりしたときの感覚と似ています。

「やればできる」「本気でやれば、限界を超えられるのだ」という経験をすると、ジャンルは問わず、ほかのこともできそうな気がしてくるのです。

「あのときやれたのだから、これもできるでしょう」と思うことは少しずつ増えて、だんだんスケールも大きくなっていきます。

一見、無謀な夢をかなえようとすることも、ワクワクした喜びになってきます。どんな大きな目標も、小さな「やればできる」を積み重ねていけば実現できると、無意識にわかっているからです。

良質な材木は穏やかな環境では育たず、風が強いほど、強くいいものになるといいます。ずっと平穏無事なゆるい環境では、自信も育ちにくいのです。

自分への信頼を積み重ねていく

人生のなかでは何度か、踏ん張ったり、本気で取り組んだりする場面があるものです。

一度でも二度でも、本気で何かに挑戦したり、しんどい時期を底力で乗り越えたりした人は、その次をクリアするのは、意外に簡単です。

〝本気の力〟とか〝底力〟というのは、一度その感覚を身につけると、いざというとき出しやすくなるのです。

一方、本気で挑戦すること、むずかしい問題に取り組むことを、ずっと避けてきた人は、残念ながら「ここぞ」というときに自分を信頼できず、すぐに挫折《ざせつ》してしまいがちです。

しかし、どんな人でも、いつでも、その気になれば〝本気の力〟を出すことは可能です。

「私はずっとがんばることをしてこなかった」と自認している友人が、あるとき、ハーフマラソンに挑戦して走りきったことがありました。

すると、「ほかにも挑戦してみたくなった」と海外マラソンに挑戦したり、仕事でも資格を取って起業したりするようになったのです。

「へー。私ってこんなこともできるんだ」という自分の限界が広がった快感を味わうことが、さらなる成長につながっていきます。

新しい自分に出逢えるのは、なによりの喜びであり、自信になります。

だから、どんな年齢になっても、学ぶこと、挑戦することは楽しいのです。

人間の能力は、自分が信じた分だけ引き出されるもの。限界を決めてしまうのも、限界を超えていくのも、私たちの考え方次第なのです。

自分への信頼は、小さな達成を繰り返すことで生まれます。

一見すると、大きな自信をもっているような人も、それはひとかたまりではなく、小さな自信をコツコツと積み上げてできているのです。

自信がつくと気持ちがさらに積極的になり、うまくいく確率も高くなってきます。

大きな自信をつけるのはむずかしくても、小さな達成をすることは誰でもできます。

大切なのは、やろうと思ったことを途中で投げ出さないこと(自分のための方向転換、撤退はあり)。休み休みでも、失敗しても、前に進んでいれば、自分への信頼は雪だるまのようにだんだん大きくなっていくのです。

「好き」が「才能」をつくっていく

いつも行っているヘアサロンのスタイリスト、倉橋さんは勤続25年のベテラン。その間、ずっと同じ店舗で働き、いまやグループ会社に200人ほどいるというスタイリストの頂点に立って、同業者の間でもよく知られたカリスマ的な存在です。

一日中立ち仕事で、営業が終わっても、深夜までスキルアップのための勉強や後輩の指導というハードワーク、しかも営業成績がものをいう厳しい世界であるため、辞めていく人も後を絶たない。そんな世界で、倉橋さんはどうして続けてこられたのでしょうか。

「好きでたまらないんですよ、この仕事が。たとえば、カットでも〝もうこれ以上はない〟っていう1ミリ単位までこだわると、夢中になってしまうんです」

「飽きることはないんですか?」

「ないですね。その都度やり方は違いますから。いまでも勉強することばかりです」

倉橋さんは、髪に関わる仕事が楽しくてたまらないのです。つねに最高のものを求める職人気質なのでしょう。ベテランだからと手を抜くこともありません。

「時間がかかってすみませんね。もうちょっとやらせてくださいね」なんて、うれしそうに髪を切ってくれます。

倉橋さんは一つの仕事にこだわり続けてきた結果、世界各地のコンテストに参加したり、雑誌などでヘアメイクを担当したり、ヘアケア製品の開発に携《たずさ》わったり……と、さまざまなチャンスがやってきたといいます。なにより、心から楽しそうに仕事をするので、お客様や同僚など、まわりの人が心地いいのです。

そんな倉橋さんを見ていると、「一つの自信をもつ人は、なんと輝いていることか」と、しみじみ思います。

スタイリストのなかでも、パーマ、マッサージ、人との会話など、「これだけはほかの人には負けない」という得意ジャンルをもっている人は長続きするといいます。ある新人スタイリストはイラストが得意で、店の案内板を描くようになりました。しだいにお客様から覚えてもらえるようになって、店では必要な存在になっています。

「人と違うものを提供できる」

それだけで一目置かれる存在になるのです。

すべてのことを平均的にできるようにするよりも、「これだけはできる」と自信をもち、まわりに「それはすごい！」と認めてもらえるものが、一つあるほうがいいのです。

モデルやタレント、料理人、看護師、秘書、営業……どんな世界のなかでも、「これだけは負けない！」というものをもっている人は、キラリと光るものがあり、長続きしていきます。

そのカギになるのは、〝好き〟という気持ち。〝好き〟は、一つの才能なのです。

自分自身を幸せにする

「好きを追求すること」は、生涯で大きな自信を得ることになります。

好きなことなら、いくらでも続けられて成長もしやすい。なにより、自分が楽しんだり喜んだりできるため、「自分自身を幸せにする」という、もっとも大切な自信が育つのです。

しかし、「好きなことをするのはむずかしい」「やれるかどうか自信がない」と考えている人も多いでしょう。もちろん、好きなことを仕事にするのは障害があるかもしれませんが、趣味でも遊びでも何でもいいのです。

本来、好きなことをやるのに、自信があるとかないとかは関係ないでしょう。好きなことができないのは、社会からさまざまな「〜しなければ、大変なことになるよ〜」といったプレッシャーを感じるからかもしれません。それにコントロールされ続けていたら、「自分のやりたいことがない」「何が好きかわからない」という事態に陥《おちい》ってしまうはずです。

自分の好きを追求すれば、自分のことが好きになり、まわりも幸せにできるのです。

何か一つでいい、好きなことを夢中になって、やってみませんか？

愛されること、愛することが自信になる

無垢《むく》な子どもの水彩画で有名な画家、いわさきちひろさんは、敗戦後まもない31歳のとき、下宿先のブリキ屋の狭い部屋で8歳年下の大学を出たばかりの夫と二人だけの結婚式をあげました。20歳のとき親から結婚させられた挙句、夫に先立たれたちひろさんとの結婚に、夫の両親が反対していたからです。

夫は弁護士を目指し、ちひろさんは広告ポスターや挿絵などを描いて生活を支えます。息子が生まれると狭い借家で乳飲み子を抱えての仕事はむずかしく、遠方の両親に1年ほど預けて働く……という苦労の多い新婚生活でした。

ところが、長男が生まれたことが、ちひろさんの画風に大きな影響を与えます。それまでの油彩画をやめて、水彩画で子どもの純粋さやかわいらしさなどを表す独自の表現方法

を追い求めるようになったのです。その作風を「きれいすぎる」「リアリティがない」などと批判されても、それを貫いたのは、のちに弁護士、国会議員になった夫の理解と励ましがあったからのようです。

ちひろさんは55歳で亡くなりますが、残された写真はどれもやさしく微笑んでいます。母として、妻として、芸術家としての揺るぎない自信が人生を支えていたのでしょう。

ちひろさんのこんな言葉があります。

「大人というものは、どんなに苦労が多くても、自分のほうから人を愛していける人間になることなんだと思います」

自分から相手に近づいていく勇気

人に愛されることも自信になりますが、人を愛し続けることもまた自信になるのです。

「どんなことがあっても愛する」という覚悟は、人を強く、やさしくするのではないでしょうか。

「愛」は、愛されたい、愛したいという欲求です。

もちろん、女性には「愛されたい欲求」があります。認められたい、自分だけを見てほしい、ずっと好きでいてほしい……。誰もが本能的に、そう思っているものです。

愛されることが、すばらしい自信になることも確かです。

でも、「愛されたい」欲求ばかりだと、相手が愛してくれるときは満たされるけれど、そうでない可能性が出てきたときに、不満になったり、不安になったり、相手をコントロールしようとしたり。あるときは自信があるけれど、あるときはすっかり自信がなくなる……と、相手次第で自信がぐらつくのはしかたがありません。

でも、「愛したい」欲求なら、自分次第で満たしていくことができます。相手を愛して、少しでも幸せにできるのは、人としていちばんの幸せでしょう。

子どもであれば、親からの愛情が与えられないと、不安になって、さまざまな影響が出てくるでしょうが、ちひろさんが言うように、「大人というものは、どんなに苦労が多くても、自分のほうから人を愛していける人間になること」……。

〝揺るぎない自信〟とは、そんなところから生まれてくるのかもしれません。

第 2 章

コンプレックスと仲良くしよう

「コンプレックス」を言い訳にして、人生をダメにしない

あなたは、「コンプレックス（劣等感）」がありますか？

もちろん、私にはあります。容姿的なことから能力的なこと、性格のことなどなど。とても言えないようなことも、あれこれあります。

20代、30代のころの大きなコンプレックスは、「数えきれないほど転職をしたこと」でした。「仕事、続かないね」「会うたびに仕事が違う」なんてたびたび言われて、同窓会に行くのも、親戚に会うのも避けていたほどです。

ちょうどそのころ、激太りもしていて、鏡を見るのがつらく、おしゃれもメイクも楽しめない状態……。そんな自分のことが嫌《いや》でたまりませんでした。

コンプレックスのかたまりだった、と言ってもいいかもしれません。

あまりにも嫌で、悔《くや》しくて、自分のことが不甲斐なくてたまらなかったあるとき、フッフツとこんな思いが湧いてきました。

「まず、どんなことをしてでも痩せてやる。そして誇れるような仕事をもって、堂々と人に会ってやる!」

失恋をしたとき、失意のどん底で、

「きれいになって、もっと素敵な彼氏をつくってやる!」

と思うのと少し似ています。

「どうしても、この状況から脱したい!」

と思うほどのコンプレックスが、心に火をつけたのです。

「『どうせ私は〜だから』とコンプレックスを言い訳にしてその状態に甘んじ、自分の人生をあきらめるなんて、ぜったいにイヤだ!」

と、危機感をもったのでした。

劣等感が強ければ強いほど力になる

コンプレックスはバネになります。

私のコンプレックスはたいへん大きかったので、大きなバネになったのでしょう。「太っている」というコンプレックスは、あっという間に解決しました。半年ほどかけて十数キロ減。本気になれば、できるものです。

仕事におけるコンプレックスはしばらく続き、フリーライターの仕事を求めて上京してきたときは、「誇れるような状況になるまで、地元の友だちには会わない」と決心したほどでした。

当時の猛烈ながんばりようは、コンプレックスのマグマが火山から湧き上がるようなエネルギーがあり、いまではけっして生まれてこないでしょう。

その結果、私はこうして本を書く仕事を得ているのですが、愉快なことに、コンプレックスであった「数えきれないほど転職をしたこと」がベースになって、働く女性のための本が書けているのです。いまでは、ありがたいことに「50種類以上の仕事をした作家」を売りにしているほどなので、コンプレックスはまったく消え失《う》せてしまいました。

「劣《おと》っている」「よくない」と思っていたことが、じつは、大切な価値をもつ〝強み〟だったことがわかったのです。

コンプレックス（劣等感）とは苦しいものですが、とても健全な感情です。どんな優秀に見える人でもコンプレックスをもっているものです。

社会のなかで生きようとするかぎり、「優・劣」の比較はついてまわります。

問題は、その「コンプレックス」をどうとらえ、どう対処していくか……。

この章では、一見、嫌な「コンプレックス」とのつき合い方について、お伝えしましょう。

心配はいりません。劣等感は、ほかの誰でもなく、自分がつくり出しているのですから、自分で消化することもできるのです。

コンプレックスがあっても、信頼できる自分になる

そもそも「コンプレックス」って、何でしょう？

「コンプレックス」というのは、心理学的には、怒りや悲しみなどの強い感情が無意識的に結びついている状態のことで、広い意味をもちますが、ここではなかでも一般的な「劣等感」についてのお話をしましょう。

「劣等感」とは、実際にどうかは関係なく、「自分は劣っている」「価値がない」といった感情のことです。

コンプレックスは誰にでもあるものですが、それが原因で物事がうまくいかないような気がしてしまうことが問題です。

たとえば「私は太っている」と外見に対してコンプレックスをもっていると、

「どうせ流行りの服は似合わない」

「どうせ恋人ができない」

などと否定的に考えてしまうのです。

そして実際に、服装が地味になってしまったり、恋愛に消極的になったり、不本意な恋愛を繰り返してしまったりして、自分を不幸な方向に導いてしまうようになります。

「この体型を生かせる服はある」

「私を好きになってくれる人は、外見だけで選ばないから、きっといい人だろう」

と、自分を幸せな方向に導く考え方もあるというのに。

言い訳はしないと決める

コンプレックスのつくり出すいちばん大きな罠《わな》は、

「どうせ私は頭が悪いから」

「もう年だから」

「学歴がないから」

などと言って、うまくいかないこと、チャレンジしないことの言い訳にしてしまうことです。

「言い訳をしない」と決めるだけでも、自分を幸せな方向に導くことはできます。

「もの覚えが悪いから、それなりの方法でがんばろう」

「年齢を重ねるほど、やれることはたくさんある」

「学歴がなくても、社会で人ができない勉強ができた」

というように、自尊心を保ちながら、前に進んでいく道はあるのです。

コンプレックスがあっても、自分を信頼すること、つまり自信をもつことはできます。

コンプレックスは、自分の〝一部〟にしかすぎません。

コンプレックスにコントロールされるのではなく、逆にコンプレックスを武器にしながら、人生をいい方向に導くことはできるのです。

人生のハンドルを握っているのは、つねに〝自分〟であることを忘れないでください。

「ありのままの自分」でいられなくなるとき

もう少し、コンプレックスのもたらす悲劇について、考えてみましょう。

コンプレックスを気にしてばかりいると、自分を責めるだけでなく、

「だから、人が冷たいのだ」

「バカにされているようだ」

「もっと、いいところを認めてくれてもいいのに」

などと、人を責めるようになります。

つまり、いとも簡単に、〝かわいそうな被害者〟になってしまうのです。

また、誇張《こちょう》した自慢話をしたり、上から目線になったりしてしまうのも、コンプレックスの裏返しかもしれません。

「ありのままの自分でも大丈夫」と思えず、自信がないから、「自分は価値がある」ということを示したい。他人のことを必要以上に恐れているために、認められることに躍起《やっき》になってしまうのです。

本当に自分を信頼しているなら、そんなことをする必要はないでしょう。

「たら」「れば」は不幸のスパイラル

コンプレックスや自己肯定感が低いことによって、自分の本来の欲求を満たせないために、買い物依存症、ギャンブル依存症など、何かに依存して心の隙間を埋め合わせようとすることもあります。

また、コンプレックスというのは、それによって欲求が満たされないと、さらにコンプレックスに執着するようになってしまう、という性質もあります。

そんなときの自己肯定感は、

「これ（コンプレックスに感じているもの）さえなければ、～できるのに」

「あのことがなかったら、私はこうならなかったのに」

などと条件つきでしか高めることができません。そうなって初めて自分に価値があり、いまの自分では不十分だと思ってしまうのです。

つまり、コンプレックスに執着すると、それを埋めるために「たら」「れば」を口にして、「過去のこだわり」と「未来の不安」に生きるという不幸のスパイラルに入ってしまいます。

本当の意味で自分を信じられている人は、コンプレックスがあっても、過去にどんな不幸な出来事があっても、どんなに未熟であろうと、「ありのままの自分」を受け入れて、未来を信じることができるはずです。

コンプレックスによって、簡単に「かわいそうな人」「不幸な人」になってしまうのは、いますぐやめましょう。

私たちは、どんなにコンプレックスがあっても、「いま、ここ」で幸せになることができるのです。

「理想の自分」と「そうでない自分」

コンプレックスを、自分なりに消化していく健全な方法があります。

一つは、コンプレックスがあるからこそ、がんばろうとする前向きな考え方です。

コンプレックスは、「理想の自分」と「そうでない自分」を照らし合わせて、「自分は劣っている」とか「自分は欠けている」と感じることです。

でも、その劣等感という穴を埋めるために、膨大な力を発揮することもあるのです。

私の「転職が多い」というコンプレックスがバネになって、誇りになる一つの仕事をもとうとがんばるように、並々ならぬエネルギーが湧いてくることがあります。

私が、そんな状態のときに、いつも思っていたのは、こんなことでした。

「こんなはずじゃない！」

たしかに、たくさんの仕事をしてきたけれど、一つの仕事に打ち込めば、もっと成長できるはずだ、と。

「こんなはずじゃない！」は一見否定的なようですが、「そうなる力がある」と自分を信じているがゆえの叫び。コンプレックスをそれはそれとして認めて、自分なりの方法で、自分なりの理想に近づこうとするものです。

「いまの自分」はコンプレックスのおかげ？

コンプレックスがあるおかげで、人は努力家になれるのかもしれません。

たとえば、子どものころ、運動のできなかった人が「せめて勉強で見返してやろう」とがんばることもあります。

いじめられていた男性が、強くなろうと武道を習うことがあります。

ナポレオン、豊臣秀吉など世界の武将や、現代の有名経営者などの平均身長は、全体の平均身長よりも低いと聞きます。もしかしたら男性として、身長が低いことで、なんとなく見下されている気分を味わうことがあったのかもしれません。無意識にその劣等感が作用して征服欲を満たしていったとも考えられます。

世界的大スターのレディー・ガガは、10代のころ、個性的なスタイルだったことから周囲に馴染めず、壮絶ないじめにあっていたことを告白しています。当時は自尊心を傷つけられ、薬物依存に陥《おちい》るほど追い詰められていたといいます。

しかし、「それでは問題は解決しない」と薬物を断ち切り、自分のスタイルと音楽を貫いていったことから、ほかにはない独特のパフォーマンスをマスコミに取り上げられ、世界的に支持されるようになりました。

「自分という人間をもっと愛して！　もっと信じて！」

そんなメッセージを人びとは受けとっているのです。

東日本大震災のとき、多くの海外アーティストが来日をキャンセルするなか、やってきて励ましたり、待っているファンにサービスをしたりするやさしさは、つらい経験をくぐり抜けてきたからもち得るものでしょう。

コンプレックスは、人へのやさしさや目線の低さも、もたらしてくれるのです。

「コンプレックス」から〝感情〟を切り離す

「自分はダメだな」と劣等感を覚えるとき、私たちは、どうしようもない挫折《ざせつ》感や屈辱《くつじょく》感に陥ります。それが原因で、さまざまなことに消極的になったり、自分を抑圧したりするかもしれません。

しかし、よく考えてみてください。

劣等感というのは、自分がつくり出した、〝たんなる感情〟です。

そんな感情を切り離して、冷静になって事実だけ考えると、「何かができない自分」という〝たんなる課題〟がそこに存在しているだけ、というお話です。

ならば、そのたんなる課題を解決すればいいだけでしょう。

「できないことを、できるようにする」、それだけのことです。

コンプレックスで悩み苦しんでいる人は、「私ってダメだ～」と、ただ感情に流されているだけで、肝心の課題は放置したまま解決していません。

だから、同じような感情が何度もやってきては苦しむことの繰り返しなのです。

「コンプレックス－感情＝解決するべきたんなる課題」ということです。

自分なりに課題を解決していく

もう少し丁寧に説明します。

「どうせ〇〇（コンプレックス）だから、～できない」

そう嘆《なげ》くとき、本当は、そこに「～したい」という欲求があることがわかります。

それをこう変えてみてください。

「私は～したい。だから△△しよう！」

コンプレックスをそれはそれとして認めて、自分なりに〝課題〟を解決していくのです。

たとえば、外見にコンプレックスをもっていて、学校でもモテたことがない、合コンで気にかけてくれる男性はいない、などみじめな思いを抱えている女性がいたとしましょう。

「どうせ私はかわいくないから、彼氏ができないのだ」

そんな思いになるかもしれません。

でも、そんなとき、心の奥には「本当は彼氏がほしい」という欲求があります。

であれば、「私は彼氏がほしい。〝だから〟～しよう」と〝できる方法〟を考えるのです。

客観的に見ると、たしかに、私は男性ウケしない。学校や合コンなど、たくさんの人のなかに交じるとアピールできないだろう。〝だから〟、まずは趣味を通して男性と知り合おう。趣味が同じ人なら、自然に交流できるし、一緒にいて楽しいだろう。料理なら自信があるから、相手を喜ばせることができるだろう……などと、自分なりの〝戦略〟を立てていけるはずです。

自分を客観的に見て、プロデューサーになったつもりで、「私は～したい。だから、～しよう」と、課題を解決していきましょう。

「英語ができないから、海外旅行に行けない」⇓「海外旅行に行きたい。だから～しよう」

「引っ込み思案だから、人の輪に入れない」⇓「人の輪に入りたい。だから～しよう」

「太っているから、水着が着られない」⇓「水着を着たい。だから～しよう」

……というように、さまざまな〝課題〟があり、方法は一つとは限りません。あなたらしい解決方法が見つかるはずです。

なかには、「できないことは、できないままでいい」と思うこともあるかもしれません。

いずれにしても〝たんなる課題〟には決着がつきます。

自分の人生を前進していくためには、コンプレックスを言い訳にしてはいけない。

できない言い訳より、できる方法を考えていきましょう。

自分のできることにエネルギーを投入する

コンプレックスの克服のしかたで、いちばん有効だと思うのは、次の方法です。

「自分の優れた点、できることを見つけて、それを最大限に伸ばす」

つまり、長所にエネルギーを投入することです。

これができている人は、輝きが格段に違うし、コンプレックスなどどうでもよくなっているはずです。

優れたスポーツ選手や、有名女優など、一つの才能には秀《ひい》でているけれど、ほかのことはさっぱりできない、という人が多いものです。

それでいいのです。まわりを圧倒するほどの優れたものが一つあれば、堂々としていられますし、まわりからもそれで認めてもらえますから。

落ちこぼれた子どもに自信をもたせる有効な方法として、まずは好きになれそうな科目だけを徹底的にやり抜くと聞いたことがありますが、大人も同じではないでしょうか。

仕事でも「ほかの事務作業は苦手だけれど、パソコンにやたらと詳しい」という人がいると重宝《ちょうほう》されるでしょう。

「料理がプロ級」「絵画で何度も賞をとっている」「フラメンコが得意」「ピアノが弾ける」など何でもいいのです。

欠点に執着して、それを補う努力をするよりも、長所に目を向けて伸ばしていったほうがずっと楽しいし、大きな力が発揮できるはずです。

感謝の心で自分自身を見直す

“TED^{X} Austin Woman”のスピーチで有名になった、アメリカのリジーさんという女性は、急速に老化が進む病気で痩せ細っていて、右目の視力も失っていますが、おしゃれで堂々として輝いて見えます。

リジーさんは、高校のとき、自分を「世界一醜い女」と揶揄《やゆ》した動画がアップされているのを見つけます。そこには何千ものひどいコメントがついていて、なかには「世界のためと思って自殺して」というものまであったといいます。

「私は泣き暮れましたが、どこか吹っ切れて見返してやろうと思いましたし、もう放っておこうと思いました。人生は自分の手のなかにあるとわかり始めました」

そして、片目は見えないけど、もう片方では見えるとか、病気がちだけど髪はとてもきれい……というように、感謝の心で目を見開いて、自分がどれだけ恵まれているかによって、自分を定義することにしました。

リジーさんは、目標としてきた、人を勇気づけられる講演者になること、本を書くこと、大学を卒業することを達成してきました。

いじめた人に変わった自分を見せつけてやろうと、ネガティブな言葉をかけられたら、それをエネルギーに換えて目標に向かってきました。

「私は本当に困難な人生を送ってきました。でも、それでもいいのです」

と彼女は語ります。「私は自分の外見ではなく、目指す目標や成功、成果によって、自分の価値を決めるつもりですから」と。

リジーさんのこんな言葉があります。

「『自分が何者か』を決めるのは、外にいる誰でもない。自分自身で決めるのです」

自分のどんな価値に目を向けるのか。幸せになるのか、怒りや悲しみを抱えたまま生きるのかを選ぶのは、自分です。

いま、自分がもっている心と体と、すべての与えられたものを使って、できることはあるはずです。

誰が何と言おうと、〝自分〟とは一生、つき合っていくのです。

ならば、いいところに目を向け、どこまでも愛していこうではありませんか。

コンプレックスがチャームポイントになる

本人がコンプレックスと感じていることでも、他人から見ると、「あなたは、それがいいんじゃないの！」ということがあります。

たとえば、本人は切れ長の目がコンプレックスで悩んでいても、他人から見ると、「クールでエキゾチックな雰囲気がカッコいい！」と思われていることがあります。

短所だと思っていることは、角度を変えて見ると、長所に変わることもあります。

そもそも、欠点や短所だとジャッジするのは誰でしょう？

繰り返しますが、コンプレックスというのは「本当に劣っているかどうか」ではなく、「〝自分〟が劣っていると考えるかどうか」の問題であり、言ってしまえば、〝自分〟が下している〝いい加減な評価〟にすぎません。

直せるものや改善できるものであれば、そうすればいいでしょう。でも、多くはもって生まれたものか、長年の歳月をかけてできたどうしようもないものだったりします。だったら、ここでも、逆に「その性質を生かす」という〝課題〟にしてしまえばいいのです。

「背が低い」というコンプレックスがあるなら、背の低さを生かしたファッションをする。「面倒くさがり」という性格のコンプレックスがあるなら、いっそ面倒なことは極力やらない、やるべきことはすぐにやるというルールをつくる……など、その〝性質〟をそれはそれとして受け入れて、プラスの方向にもっていけばいいのです。

そうすれば、これまで「欠点」だと思って直そうとしていたことは、自分を生かすための大きな力になってくれます。

自分ではイヤだと思っていた部分も、大切なチャームポイントになるのです。

ダメなところこそ「愛おしい」と思う

人は、「欠けた部分」があるから魅力的に見えるのです。

第2章

コンプレックスと仲良くしよう

長期にわたって人気のあるタレントさんほど、けっして完ぺきではなく、「ぽっちゃりしている」「おっとりしている」「どんくさい」「なんとなく野暮《やぼ》ったい」「いい加減そう」など、一見欠けた部分が〝味わい〟であり、その人の魅力になっています。

それに、みんな、どこかで人の欠点を求めているのではありませんか？

試しに、あなたが「大好き！」と思う人を思い浮かべてみてください。

ダメな部分があるから、親しみがもてて、こちらもオープンになれる。ダメな部分があるからこそ、愛しいと思うし、何かをしてあげたいとも思うものです。

完ぺきな人なんていないし、そんな人とつき合っても疲れるだけでしょう。

それと同じように、自分のことも「ちょっとダメなところも含めて、愛おしくてたまらない人」として扱ってあげましょう。

あなたがコンプレックスと思っていることのなかには、さまざまな恩恵が隠されていることを忘れないでいてください。

人のコンプレックスなど、誰も気にしていない

スピーチやインタビューのＤＶＤやＣＤを制作して、書店などで販売してもらっていたことがあります。私が「働き方」や「生き方」などのテーマについて話したものですが、それを自分で観たり聴いたりしたとき、あまりのひどさに愕然《がくぜん》としてしまいました。

外見が大したことないのはともかく、滑舌《かつぜつ》が悪く、話し方がべちゃべちゃしていて、「私はこれまで、こんな醜態《しゅうたい》を人様に晒《さら》してきたのか」と、穴があったら入りたい気持ちになりました。

ひどく落ち込んで、友人に話したところ、こんな言葉が返ってきました。

「あなたねぇ、自意識過剰なんじゃないの？」

誰もそんなところは気にしてはいない。そのＤＶＤやＣＤを求める人は、「これは、自

分のためになるのか？」という内容だけを考えて観たり聴いたりしているのだ、と。

ごもっともな話です。

講演をしていても、「人からよく思われたい」「きちんとしている人に見られたい」などと考えると、途端に萎縮《いしゅく》して、緊張してしまうものです。

それよりも、「いま、目の前にいる人を喜ばせたい」ということだけに集中すると、どれだけ人数が多くても、あまり緊張することはありません。

「相手にとっては、どんな話がいいのか」などと考えて話しているときは、自分のことはすっかり忘れて、コンプレックスなんてどこかに吹き飛んでいます。

深刻に考えすぎないことも大事

自信がない人は、じつは〝自意識過剰〟なことが多いのです。人が自分を意識していると思うから、小さな欠点が気になります。

コンプレックスとは、まわりの人から見ると「なぜそれが気になるのかわからない」というものがほとんどです。自分で大げさに考えて、気にしているだけです。

コンプレックスを深刻化してはいけません。

人間関係でも、恋愛でも「自分はどう思われるか」ばかりを気にしていると、落ち込んだり、嫌になったり、楽しめなかったりするでしょう。

「相手にどう思われるか」よりも、

「相手に何をしてあげられるか」

「どうやったら一緒に楽しめるのか」

を考えてみてください。

そのときが相手にとってはいちばん心地よく、あなたの魅力がいちばん引き出されているときなのです。

「自分のコンプレックスなど、誰も気にしていない」

そう思うだけで、人とのつき合いもラクになりませんか？

どんな自分でも「これが自分」。自信をもって、堂々としていればいいのです。

第 3 章

少しずつ自信を育てる
毎日の習慣

習慣 1

「やればできる貯金」をコツコツ貯める

「自信をもっている人」「自信がもてない人」……その違いは、生まれもったもの、生まれ育った環境も関係していますが、いちばんの大きな違いは、毎日の習慣にあります。

自信をもっている人は、さまざまな場面において、無意識に「自分って信頼できる」と感じられるような言葉や行動を繰り返しているのです。

第3章では、そんな習慣をご紹介していきましょう。

できそうなものからやってみてください。小さな行動を繰り返しているうちに、あなたは、だんだん自信がついてくるだけでなく、毎日が楽しくなり、自分をこれまでよりもっと好きになっていることに気づくはずです。

自信というのは、言い換えると「前に進む自分を信頼できること」です。

自信のない人は、その信頼が十分でないために、消極的になったり、屈折した言動になったりしてしまいます。

自信を育てるために、外見を整える、あこがれの人とつき合うなど、外から固めていく方法もありますが、いちばん効果的で、しかも確実な方法は、「やればできるじゃん！　私」という小さな達成の〝快感〟を自分の内側に積み上げていくことです。

これを私は、「やればできる貯金」と呼んでいます。

「やればできる貯金」とは、小さなことでいいのです。

たとえば、「今日は部屋の片づけをしよう！」と思ったら、面倒くさいなぁと思っても、最後まで投げ出さずにやり切ってください。

あなたは、きれいになった部屋を見て「やればできるじゃないか！　私」と、すがすがしい気分になるでしょう。

この快感は、一つの〝成功体験〟なのです。

ここで、自分のなかに「やればできる貯金」がチャリンと貯まったことになります。

「前から連絡しようと思っていた人に連絡する」「休日に登山をする」「小さな親切を一つ実行する」など、どんなことでも「やればできる！」という気持ちよさを味わったら、チャリン、チャリンと貯金が貯まっていくことになります。

そんなふうにコツコツと「やればできる貯金」をしていると、ほかのこともできそうな気がしてくるはずです。

多少失敗があっても、またやれそうな気もします。それは、これまで積み上げてきた、たくさんの貯金（過去の経験）を使って、前に進むことができるからです。

「やればできる貯金」を貯めるためのポイントは、次の3つです。

（1）できたことをちゃんと「意識すること」が大事

何かがうまくいったり、何かを達成したり……と、同じ行動をとっていても、「よくやったなぁ、私」としみじみ思う人もいれば、何も感じずにスルーしてしまう人もいます。なかには「まだまだできていない」と渋い顔をする人もいるかもしれません。〝喜び〟がなかったら、貯金をしたことにはなりません。自己肯定感はちっとも高まっていかないでしょう。できたことを、「よっしゃ！」「やったっ！」と、一つひとつ意識していくことが大事。自分を好きになってハグしたくなるような瞬間を、大いに喜んでください。

（2）あたりまえのことでも貯金はできる

特別なことではなく、「あたりまえと思うこと」でも少々負荷がかかっている場合は、貯金をしたことになります。たとえば、「今日は会社に行きたくなかったけど、なんとか出社した」「忙しかったけど、お弁当をつくった」「気まずくなった上司に自分からあいさつした」など、自分を信頼できるおこないは「よくやった！」「やればできる、私」と心でそっとつぶやきましょう。

（3）挑戦することで、貯金は大幅増額！

やりたかったこと、新しいことに挑戦したときは、「やればできる！」の自信のスペースがぐんと広がったことになります。「これをやれたらうれしいだろうな」「気持ちがよさそうだな」ということを、どんどんやっていきましょう。

習慣

2 とりあえず5分だけやってみる

「私って、やればできるじゃん」という小さな自分への信頼を重ねていくことが大きな自信につながっていきますが、残念ながら、その反対のことも多いのではないでしょうか。

「私って、ダメだなあ」という自分への失望です。

たとえば、やろうと思っていたことができなかったとき、サボってしまったとき、失敗したとき、人に迷惑をかけたときなどなど、私たちの日常には自分に失望する機会があれこれあります。

自信がなくなったときの対処法については第4章で述べるとして、ここでは、「私って、ダメだなぁ」と思う機会をできるだけ少なくする習慣についてもお話しします。

その一つが、「とりあえず5分だけやってみる」ということ。

自分の行動に対して、「私ってダメ……」と自信をなくしてしまう原因は、能力がないからではありません。

目標設定の「ハードルが高い」のです。

高い目標をもつことは、一見すばらしいことのようですが、いきなり大きな目標を設定すると、うまくいかない可能性はぐんと高まります。

たとえば、「英語の検定試験に向けて、週末は問題集を1冊やろう」などと高いハードルから始めると、大抵は失敗する⇓やる気が失《う》せる⇓あきらめる……というありがちなパターンをたどります。大きな目標設定は、「私にもできる！」といういちばん大事な自信と意欲を奪《うば》ってしまうのです。

だから、「とりあえず5分」です。〝ゼロ〟にしないことが大事です。

5分終了したら、そこで終わってもOK。でも、やり始めると、大抵は「もうちょっとやってみようかな」と弾《はず》みがついてきます。

問題集を1冊やるのはむずかしくても、5分だけやることなら誰でもできるでしょう。

その5分を細切れに、つなげていくのです。

人は「急激に変わろうとすると、拒絶反応を起こす」という性質があります。

心も体も、無意識に「いまのままでいよう」とする安定志向があるからです。

ファーストステップは、いますぐできる小さい目標から始めましょう。

大きな目標は、「とりあえず5分」のほか、やるテーマによって「とりあえず1日」「とりあえずこの範囲」「とりあえずこれだけ」……というように、できるだけ細かいステップに分解しましょう。「これくらいは楽勝でできる」と思うボリュームになるまで。

小さな目標達成を繰り返していけば、「いつか自分が思い描いている大きな目標にもたどり着けるのだ」という自信が生まれて、次の目標も見えてくるし、モチベーションも下がらずに続いていきます。

「志は高く、目標は低く」

大きな自信をもつためには、小さな自信をつなげていくしか道はないのです。

習慣

3

とりあえず「できます!」と言ってみる

私がフリーランスのライター、カメラマンとして仕事を始めたとき、心がけていたことは、「この仕事、できる?」と訊《き》かれたときに、「できます!」と即答することでした。「う一ん」なんて躊躇《ためら》っていると、相手に不信感を与えてしまうので、つねに即答です。

ほとんどは経験のない仕事なので、その時点で「できるか、できないか」は考えません。仕事を受けてから、「さて、どうすればできるだろう?」と考えるのです。

たいへん無責任なようですが、これまで「できます!」と言って、できなかったことはありません。納期が少しばかり遅れる、出来がいま一つ……といったことは、たまにありますが、その仕事が完了しなかったことはないのです。

言葉とは不思議なもので、「できます!」と言ってしまえば、心も頭も体も「できること」だけを前提にしてスイッチが入り、自然に体が動くようになります。

できるイメージに向かって、できる方法を見つけ、できる行動をするのです。

この「できます！」というひと言で、私は自信とスキルをつけてきた、と言ってもいいでしょう。

「できる？」と訊かれたとき、冷静に時間をかけて考えるとよくありません。「やれるかどうか」を自分の実力と照らし合わせたり、「相手に迷惑がかかるのではないか」と不安点を考えたり……と、「できないこと」も前提に考えてしまうからです。

むずかしいことに対して「無理です」「できません」と言ってしまえば、ラクではありますが、成長はありません。

だから、とりあえず「できます！」と即答するのがいいのです。

ただし、これは成長して自信をつけたいとき、それをやりたいときに限ります。すべてに「できます」を繰り返していると、相手の命令どおりに動くロボットになってしまいますから。

仕事を頼まれたときだけでなく、むずかしい課題を抱えているとき、たくさんのやるべきことがあるときなど、「私、できるのかな……」と不安になったときは、明るく「できるでしょう！」とキッパリつぶやいて、自分を激励しましょう。

その瞬間から、できることを前提に現実が動き始め、サポートしてくれる人も引き寄せられてきます。たとえ、思い通りの結果が得られなくても、「精一杯やった」という自信は残ります。

自分を信頼する言葉は、最大のパフォーマンスと、さらなる自信を運んできてくれるのです。

習慣4 身だしなみを清潔に整える

趣味やスポーツを始めるとき、「私、形から入るタイプなんで」と言って、実力はともかく、ファッションや道具だけは立派なものをそろえる人がいますが、この心理を多くの人は理解できるのではないでしょうか。

たとえば、ランニングを始めるのも、ふだん履きのスニーカーではテンションが上がらない。ランニングシューズやウェアで身を固めると、その投資の分、がんばろうと思うし、びゅんびゅん走れている人と同じ格好をすることで、それに近づけそうな気分にもなってきます。

「形から入る」は、自信をもつのに意外に効果的です。外見を変えることは、内面を変えようとするよりも、メンタルに何倍もの影響があるという調査結果もあるようです。

身だしなみも同じ。きちんとした服装をしていると引き締まった気分になるし、派手めの服装をしていると大胆な気分になるでしょう。

「外側の自分」に「内側の自分」を無意識に合わせようとするのです。

メイクや髪型がボロボロだと、人に会うのもなんとなく億劫《おっくう》。ふとしたはずみに鏡で自分の姿を見てしまったとき、「今日は誰にも会いたくない」とさえ思います。

身だしなみを整えることは、自信をもって人前に出られる条件の一つです。

自信をもつためには、高価な服や流行りの服を着ることよりも、清潔感のあることが大事。服にシワが寄っていたり、靴が磨かれていなかったりでは、なんとなくだらしのない、投げやりな気分になるはずです。

上から下までちゃんと洗濯、またはクリーニングをした、お気に入りのものを身にまとうだけで、すがすがしく、ピカピカな気分で外出できます。

そして大事なのは、姿勢を正すこと。

ピンと背筋を伸ばして、胸を張ってみるだけでも、自信が出てきたように思います。

人前で話をするときも、姿勢を正すだけで、元気な明るい声が出てくるはずです。

女優になったつもりで〝自信家〟を演じてみる、という方法もあります。

気後《きおく》れするような場所でも、女優のように胸を張って、顎《あご》を引いて、まっすぐに前を見る。相手がいれば、微笑みながら堂々と顔を見つめる。ゆっくりエレガントに動く……。そんなことを心がけていると、だんだん気持ちが大きくなってくるものです。

少なくとも、背中をまるめて、目線を落としているよりはずっといいでしょう。

自信をもちたいなら、自分を丁寧《ていねい》に扱って、きれいに整えておくこと。

これは、落ち込んでいるときや、憂うつなときも有効です。

出かける前は、少々面倒でも丁寧にメイクして、髪型と身だしなみを整えて、鏡の前でにっこり微笑んで。「よしっ!」と胸を張って颯爽《さっそう》と出かけましょう。

習慣

5 自分からあいさつする

「信頼できる自分」になろうと思うなら、あいさつは先手をとるにかぎります。

パーティや勉強会など、何かの集まりがあるとき、多くの人は「向こうから話しかけてくれないかな」と思っています。

そんなとき、声をかけてくれる人はたいへんありがたく、好感をもつものです。

大抵は、相手も喜んでそれに応えてくれ、話しやすい雰囲気になります。

下を向いてあいさつをしてこない人よりも、ずっと大事に扱ってくれるでしょう。

また、職場で関係がこじれている人、近所の嫌味っぽい人など、「自分からあいさつするのはイヤだな」と思う相手もいるかもしれません。なかには、「あっちから声をかけるのがスジでしょう」とか「できれば顔も見たくない」という相手であることもあります。自分からあいさつするのは、負けたような気がすることも……。

それでも、こちらから声をかけるのです。

苦手な人、嫌いな人に元気にあいさつすれば、「私ってえらい！」と誇らしい気持ちになるではありませんか。相手よりもうわ手のような気もしてきます。

「小さなことに惑《まど》わされない器の大きい自分」

「どんな相手にも礼儀正しい自分」

「積極的に人間関係を築ける自分」

「切り替えのできる自分」

……そんな自分を信頼できるようになります。

あいさつは、相手とのコミュニケーションだけのためではなく、「信頼できる自分」を育てるための機会でもあるのです。

反対に、相手からのあいさつを待って、モジモジしているだけでは、自信はどんどん失われていきます。

「自分からあいさつする」と決めるだけでも、ネガティブな感情に振りまわされなくなります。

相手に対する自分の感情や、そのあとどうなるかは関係なく、ただルールに従えばいいのです。

たとえ、あいさつをした相手に無視されたとしても、それは基本的な礼儀ができていない〝相手側〟の問題です。こちらには関係ないことでしょう。

自分からあいさつをして、得することはたくさんあっても、損をすることは一つもありません。毎日顔を合わせている家族や同僚はもちろん、エレベーターで会った顔見知り程度の人、会社に出入りしている業者さんにも、こちらからあいさつをしましょう。

習慣 6 メニューは直感で選ぶ

あなたは、自分の直感をどれくらい信じていますか？

私は直感を9割ほど信じています。アテにしている……と言ってもいいでしょう。

食事のメニューから、着ていく服、おつき合いする人、次にする仕事、旅行する場所、住む街に至るまで、何かを選択するときは、天から降りてくるような「そうだ、これ（この人、この仕事、この場所）にしよう！」とピンとくるひらめきがあり、それに従います。直感がなければないで、直感がやってくるときを待ちます。

直感で決めて行動していれば、いちいち余計なことで悩まなくて済みますし、大抵のことはうまくいきます。

「直感で決める」と言うと、いい加減なようですが、「そうだ！」とひらめくのは、偶然の産物ではなく、これまで自分のなかにインプットしてきた知識や経験、DNAや細胞レベルで欲求していること、学習してきたことなど、膨大なビッグデータのなかから、導き出されたベストな答えなのです。

つまり、直感とは、コンピュータよりも優れた人間のシステムということです。

しかしながら、私たちはときとして、直感を信じられないことがあります。

自分のなかのすべてが全力で「これがいいよー」と叫んでいるのに、「いや、待てよ。別の選択肢もあるんじゃないか」と、ほかの情報や人から言われたことなど〝雑念〟があれこれ入ってくるからです。

たとえば、直感で「今日はオムライスを食べよう」と決めてレストランに入ったのに、メニューを見ていると、「おすすめ印がついているパスタがよさそう」「ランチセットのほうがコスパがよさそう」などと考えたり、一緒に行った人に「ご飯ものは太るのよ」と言われたりしているうちに、だんだん心が揺らいできます。

こういうとき、直感でない選択をすると、大抵、残念な結果になってしまうことが多いものです。

そんなことが続くと、満足した結果が得られない⇓自分の選択をさらに信じられなくなる⇓何か別のものを頼るようになる⇓ますます自分を信じられなくなる……という負のスパイラルをたどるようになります。

自分の好みや欲しているもの、自分のいまの状況、自分の性質などをすべて知りつくしているのは自分だけなのです。ほかの何をアテにするというのでしょう。

ただし、直感も1割ぐらいは外れることがあります。

私は、たくさんの人事採用をしてきて、人を見る直感を強く信じていたのですが、いい意味でもよくない意味でも、ときどき「違ったかな」ということがあります。「この人は、性格はよさそうだけど、すぐに辞めそう」と思いつつ採用した人が、性格は意外にキツかったけれど、むちゃくちゃいい仕事をして長年働いていた、ということもあります。私は、その人の隠れた部分を見られていなかったのでしょう。

直感が1割外れるのは、何かの偏見や、過去のズレた検証で、間違ったインプットをしているからです。

そんなときは、「こんな例もある」と学習してインプットし直せば、直感の精度はさらに高まっていきます。

昔の人たちは、生きていくために、天気のこと、体のこと、食べるもの、つき合う人のことなど知恵を蓄《たくわ》え、いまよりもずっと直感を頼りにして毎日を過ごしていたはずです。

現代は何でも情報が手に入ったり、まわりに協調することを優先したりするために、あれこれ頭で考えた解決をして、直感を使うことが少なくなっています。

これから先の人生で、どの道を選び、どう行動すればいいのかを考えるときに、直感はたいへん頼りになる武器なのです。

習慣

7 心が動いたら「どうしてなのか？」と考える

自信をもって生きていくために、とても頼りになる〝直感〟を磨いていくには、とにかく場数を踏むことです。

将棋やマージャンの神と言われる人たちが、「勝ち負けを考えないで、シンプルに直感で打つ」というようなことを言っておられるのは、それまで数えきれないほどの場を踏んで、何十、何百という手のなかから「これだ！」というベストな一手を見つけるからでしょう。

占い師の友人は、「占わなくても、相手の表情や格好を見ただけで、大体のことがわかる」と言いますが、これも納得できます。「どんな背景をもった人なのか」「このままいくと、どんな未来になるのか」「何を聞きたくて、何を言ってほしいのか」など、数々の場数を踏んできた経験や知恵の集積から、直感でわかるのです。

だから、直感とは、自分の経験の多い分野、得意とする分野ではちゃんと働くけれど、経験もなく興味もない分野ではまったく働かない、というものです。

それでいいのです。たった一つでも、直感が信じられる分野があれば、それは自分を信じて生きていく武器になるのですから。

直感を磨くエクササイズになるのは、好奇心や興味のあることで心が動いたときに、「どうしてなのか？」と考えるクセをつけることです。

さまざまな場面で、「これって、どうして？」「どういうこと？」と検証してきた人と、ただなんとなくスルーして過ごしている人では、自分のなかにインプットするデータ量が圧倒的に違います。

たとえば、私はたくさんの職場を経験して、たびたび「どうしてこんなに働きづらいのか」と考えていました。

「どうして女性は仕事でつまずくのか？」

「家庭と両立できないのはどうしてなのか？」

「海外の人はどうやっているのか？」

など問い続け、それを学んでみようと留学もしました。

そんな蓄積をしていると、働くというテーマだけでなく、さまざまな問題点でピン！　とひらめくようになるし、その解決策も浮かび上がってくるようになります。

興味があること、好奇心をもっていることでないと掘り下げることはできません。

何だっていいのです。

たとえば、料理に興味がある人なら、誰かの料理を食べたときに、「どうしてこんなにおいしいのか？」と考える。「スパイスは何を使っているのか？」「どんな下ごしらえをしているのか？」「どんな素材を使っているのか？」と問い続けていくと、そのデータはどんどん蓄積されていき、精通する道ができていきます。

また、自分の心と体に関しては、誰もが興味をもつべきテーマでしょう。

「ちょっと風邪気味かも」というときに、「クーラーに当たりすぎていたから、それが原因かも。膝《ひざ》に掛けるものをもっていこう」「ビタミンCがとれて元気が出る食べ物は……」など、原因と対策が導き出されてきます。

同じようなことが起きたときに、すぐにピン！　とくるようになるし、そうならないための予防策も立てられるようになります。

このように、身のまわりで起こるあらゆる現象を糧《かて》に、生きていくための〝知恵〟を蓄積していくと、さまざまな場面で、「そうだ！」という直感が起こりやすくなります。

直感が鋭い、直感が当たる、という人たちは、霊感や不思議な力があるのではなく、好奇心が旺盛で、場数を踏んできた、それだけのことなのです。

習慣8 百点満点を目指さない

「完ぺき主義の人の部屋は、散らかっていることが多い」とはよく聞かれることです。

一見、逆なようですが、完ぺき主義だからこそ、「全部きれいにするのは、ものすごく大変。完ぺきにできないなら、やらない」という心理から、小さな行動をすぐに起こせないのです。ちょこちょこっとやることができないために、部屋はだんだん散らかっていきます。

そして、このようなとき、心のなかで「私ってダメだ……」と自信が失われているはずです。

「毎日これを続けよう」と決めていたことが三日坊主になってしまうのも、「完ぺきにやろう」とする心理が大きく作用しています。

ちゃんとやろうとすると大きなエネルギーがいるし、一度つまずいたら、「あーあ、やっぱりできなかった」とすっかり自分に失望して、投げやりになってしまいます。

一日サボっても、休み休みでも続けていけばいいのです。

大事なのは、「休まないこと」ではなく、「やめないで続けること」なのですから。

何でも百点満点を目指すと、疲れます。

できなかったら、失望が待っています。

これは、私たちの「できてあたりまえ」という環境も影響しているかもしれません。

たとえば、何かの仕事を任されたとき、8割できていても2割不十分だと、「申し訳ありません。至らない点があって……」と、残念そうに言う人が多いはずです。

海外では8割もできていれば、大抵は自信満々に「ほら、よくできたでしょう?」となります。できていない点があれば、「じゃあ、次はもっとよくなるよ」と言います。

「できていないことがあるのは、あたりまえ」だと思っているのです。だから、ちょっとした失敗でも大してめげません。

経済社会側から言うと、「できてあたりまえ」のほうが競争力はあるでしょうが、自分自身に対して、つねにできてあたりまえの課題を与え、マイナス点ばかりをつけていては、自信はなくなるばかりでしょう。

「60点ぐらいで、よしとする」「疲れたら休む」……それぐらいの〝不完全主義〟で生きると、気持ちにも余裕が出てきて、長期的には最大のパフォーマンスを引き出せます。

仕事も、趣味も、人間関係も、子育ても介護も、何にしても長く安定的に続けていく秘訣は、「やりすぎないこと」「いくらか課題を残すこと」です。

ランニングをやっていると、走り始めはしんどくても、走っているうちにだんだん体が軽くなって、「お、まだまだいけそう!」という気持ちになってくることがあります。

でも、ギリギリまでやってしまうと、翌日ぐったり。しばらくはやりたくない……となってしまいます。

いくらか余力を残すほうが、安定して続いていきます。

「いつの間にか、こんなにできるようになった」「こんな喜びがあった」という成長や進化の過程を味わいながら、〝不完全主義〟で進んでいきましょう。

いつも全力疾走では、続けられない。「信頼する自分」になるには、ゆっくりでも、休み休みでも、進んでいくことなのです。

習慣 9 「やること」「やらないこと」を明確にする

「趣味やキャリアアップの勉強など、いろいろとやりたいことはあるんですけどねぇ。毎日、会社と家を往復するだけで時間がないし、休日は疲れてゴロゴロしてばかり……」

そんなふうに嘆《なげ》く人は多いものです。

しかし、これらの人たちのうまくいかない原因は、忙しくて時間がないことではなく、体が疲れていることでもなく、「頭が混乱していること」なのではないでしょうか。

優先順位がごちゃごちゃになっているから、パニックになったり、だらだらと忙しくしたりして疲れてしまうのです。

優先順位がハッキリ整理されている人は、仕事や子育てなど忙しくしていても、ちゃっかりと遊びを楽しんだり、少しずつ勉強をしたりしているものです。


自信というものは、自分の行きたい方向に進んでいるとどんどん育ち、それができないとどんどん失われていく……という性質があります。

あれこれ考えてばかりいたり、不本意なことをやっていたり、何かに振りまわされてばかりでは、どんどん自信は失われていくでしょう。

「自分を幸せにできる自分」として、信頼できないからです。

社会生活を送っていると、毎日、やるべきことが次から次に押し寄せてきますが、よくよく考えてみると、やらなくても大して困らないこともあるはずです。しなければならないと思いこんでいたり、惰性《だせい》でやっているだけだったりするかもしれません。

何より、だらだら忙しくしていると、いつも「心、ここにあらず」という状態で、毎日を楽しめなくなってしまいます。

自信をもって、毎日を送るためには、頭をすっきり整理しておく必要があります。「最低限やること」を明確にすることです。

メモや手帳に、やるべきタスクを書き出してみましょう。そのなかで「最低限やること」をリストアップしたら、あとはすべて「やらなくてもいいこと」です。残りの時間は、ニュートラルに構えて、やりたいことを優先的に入れていきましょう。

「最低限やること」とは、仕事や生活のことだけでなく、「どうしてもやっておきたい」と自分の基準で思うことで、緊急度が高いものではなく、重要度の高いものです。毎日の仕事は何よりも優先されると思いがちですが、人生においては、「親孝行をする」「恋愛をする」「やりたい勉強をする」といった時間のほうが重要かもしれません。

また、「やらないことをハッキリ決める」というのも、無駄に振りまわされないための知恵。

たとえば、自分のなかで、

「8時以降の残業はしない」

「バーゲンセールには行かない」

「気の向かない飲み会には参加しない」

などと決めておくと、なんとなく忙しくなる事態を防げます。

私は、仕事も含めて「やりたいこと以外はしない」、つまり、やりたくないことは一切しない、と決めています。

「これをしたほうがいい」「これはするべき」などと言われても、やっていてつまらないことに時間をかけたくはないし、継続もできないでしょう。

もちろん、日々の生活では、嫌《いや》でもやらなければいけないことも出てきますが、それはやりたいことをやるための一環なので、喜んでやろうと思います。自分がやるだけでなく、苦手なことは人に頼むのもありですし。

自分の「最低限やること」と「やらないこと」を決めておくと、たいへんラク。時間だけでなく、心に余裕がもてて、目の前のことを一つひとつ楽しめるようになります。

人生の優先順位を意識する習慣は、「自分を幸せにできる自分」として信頼することにつながっていくのではないでしょうか。

習慣

10 「常識」と「情報」を疑う

初めてヨーロッパを旅したときのこと。車が通る気配のない横断歩道で赤信号が変わるのをじっと待っていて、外国人の友人に大笑いされたことがあります。

「なんで車が来ないのに、渡らないの？」

「だって青信号で渡るのがルールだから」

「ルールだったら何でもするの？　ルールってトラブルにならないためのものでしょう。大人だから自分で判断できるでしょう？」

そう言われて、「ルールを守るのが基本であり、ルールを守っておけば安心」という日本の常識は、世界の非常識なのだと納得。海外では、ルールを守ってもトラブルになることはあるし、ときにはルールを破ってでも臨機応変に対応しようとすることもあるのです。

私たち日本人は、「ともかくルールにさえ従っていれば……」と思いがちですが、ただルールに忠実な〝ルール信仰〟というのとは違うように思います。

「赤信号、みんなで渡れば怖くない」で、「人と同じであること」に安心し、「人と違うこと」をめっぽう怖がる「〝みんなと同じ〟信仰」かもしれません。

みんなに共通している決まりを〝ルール〟、共通している思いこみを〝常識〟といいますが、これほどいい加減なものはありません。

「こんなの常識でしょう?」と仕事で言われたとしても、それはある領域だけの常識にすぎないことは、100以上の職場で働いてきた私が実感として思うことです。

「これは女性の役割」「会社とはこういうものだ」「仕事とはこうあるべき」といった常識は、時代によっても、場所によっても、変わっていきます。

常識は、うまくやっていく方法をみんなでつくってきたものなので、それ自体が悪いわけではありません。尊重することも必要です。

しかし、社会を渡っていくために常識を使うのと、常識に縛られるのは別問題です。

ただ常識に従うだけでは、窮屈《きゅうくつ》になってしまうし、進歩もありません。優れた仕事というのも、これまでの常識を打ち破ってこそ、生まれてくるもの。「みんながやっていること」をやっても、魅力的な仕事にはならないでしょう。

働き方や暮らし方、恋愛や結婚、子育てのスタイルなど幸せである方法は、人それぞれ。「別な方法もあるんじゃない？」「私には私なりの方法がある」と、これまでの常識を疑って、いろいろな道を探ってみることが、自分の幸せに近づいていくことなのだと思います。

また、ニュースや人の言っていることなどの「情報」も同じ。テレビで人気のあるコメンテーターが言っていること、偉いと言われるような立場の人や、上司の言うことなどを鵜呑《うの》みにして同じように考えたり、それに従ったりしていると、「どうもおかしい」という事態に陥《おちい》ることもあります。

いいえ、それさえもわからず、ただ振りまわされているだけかもしれません。

情報というのは、誰かの意図が入っていたり、偏見に満ちたりしていることが多いもの。「それって、本当？」「本当のところ、どうなの？」と疑うことが、自分なりの人生のバイブルをつくり、自分を守っていくことにもなります。

そもそも、なぜ「常識」や「情報」に従ってしまうのかというと、これは私の反省をこめて思うことですが、簡単に言うと、ラクなんだと思います。みんなと同じ方向に行ったり、上に従ったりしていれば、自分であれこれ考えなくて済むでしょう。

でも、いまは基本的には、自分で実際に見たこと、体験したことしか信じません。信じたような顔をして、全然信じていないときもあります。もちろん、「この情報は信じていい」「この人の言うことは信じよう」ということはありますが、自分なりに精査したものです。

どうしてこんなに疑り深くなったかというと、いろいろなことに振りまわされて空まわりしていたときに、「これからは、何かのせいにするのはやめよう」と決めたからです。

自分の人生に責任があるのは、自分だけ。

「みんながそうしているから」「～がこう言ったから」といって、人生のハンドルを預けたくはないではありませんか。

「何かのせいにしない。自分で考えて決める」

「うまくいかなくても、自分の責任」

と決めただけで、人生がうまくまわり始めたのは、不思議なほどです。

何かを頼ると、手に負えないことばかりですが、自分自身を頼ると、すべて自分の手で解決できるのです。常識や情報から距離を置いて、自分の頭で考えることが、自信をもって生きることにもつながっていくと思うのです。

習慣 11
自信のなくなる言葉を使わない

「私、失敗しないので」

これは、人気ドラマシリーズの主人公である女性外科医の決め台詞。

「(手術に)失敗したら、どうするんだ!?」などとまわりに不安がられたときに、「失敗することを考える必要はありません。その可能性はありませんから」というようにキッパリと言い切る姿は痛快《つうかい》で、たいそうしびれます。

人は、つけ入る隙《すき》もないほどの自信を、どこかで求めているのかもしれません。

じつは、この台詞のヒントになったのは、柔道界の女王が、スポーツキャスターの「失敗は考えなかった?」との質問に答えた次のひと言だったといいます。

「私、ミスはしないので」

ストイックに練習に打ち込んできたからこそ出てくる言葉でもありますが、よくよく考えると、強気なことをあえて言う人は、その必要性がある人でもあります。責任感もあるのでしょう。絶対的に自分を信頼する〝言葉〟によって、さらにそんな現実をつくり出そうとしているのです。

「ミスは少ないので」とか「ミスしないようにしている」とかではなく、「私、ミスはしないので」とハッキリ言い切ると、未来もすでに定まっているように感じます。

口にしたことが現実になる「言霊《ことだま》」とは昔から伝えられてきましたが、これは不思議な力でも何でもなく、誰もが実感することでしょう。

「大丈夫」「なんとかなる」と言えば、安心して物事に取り組めるし、「不安だ」と言えば、不安になってくる……そんなものではありませんか?

口ぐせは、つねに「そうなるはずだ」と私たちに暗示をかけ、言い聞かせているのです。

何十回も「自信がない」「私にはできない」という言葉を繰り返していれば、自信がつかないことは明らかです。

私たちの脳は、本来、ベストな道を探ろうとしているのに、じっくり考えようとすると、よくないことをイメージしてしまうというクセがあります。そして、

「よくないことをイメージ⇩ネガティブな言葉を使う⇩うまくいかない現実がやってくる」

という経過をたどり、ネガティブなことを言えば言うほど現実になっていきます。

まわりの人からも鬱陶《うっとう》しがられるでしょう。

だったら言葉を変えないと。言葉を先取りするのです。

「ポジティブな言葉を使う⇩いいことをイメージ⇩ベストな現実がやってくる」

という順番です。小さなことでも「大丈夫」「うまくいく」「ついてる」「楽勝」「楽しい」「おもしろい」「好き」などと口に出していると、無意識に、言葉に自分を合わせるようになり、だんだん、それが自然に馴染んできます。

どうしても達成したい目標があるときは、「そうなります」「そうなると決めていますか

ら」と言い切ってしまいましょう。

自分を信頼したいなら、自分を信頼する言葉を使えばいいのです。

また、自分をよくない方向に導く3D言葉「でも」「だって」「どうせ」を使わないと決めるだけでも、思考がネガティブな方法に行くのを防ぐことができます。

「でも～」は否定から入ってしまう言葉。

「だって～」は言い訳をしてしまう言葉。

「どうせ～」は自分を落としてしまう言葉。

その反対で、すべてを肯定して、言い訳はせずに、自分を高めていく……。ついいいがちな3D言葉を使わないだけで、前に進んでいくエクササイズをしていることになります。

〝言葉〟という魔法によって、〝自信〟という美しい服を身にまとって進みましょう。

習慣

12

断ることを恐れない

「断ることができない」という人は、相手のことを気遣ったり、さまざまな事情を考えたりするやさしい人が多いようです。

自分で言うのも何ですが、私もそんな一人でした。頼まれると嫌と言えない。無理をしてでもやろうとする。その結果、大きなストレスを抱えて、しんどい思いをして、自分を責めたり、ときには相手を責めたりしてしまう……という状態でした。

断れなかったのは、相手に迷惑がかかるということもありますが、いちばんは嫌われたくなかったのです。「この人、頼りにならない」「もう頼まない（誘わない）」と見限られることをひどく恐れて、〝いい人〟であり続けようとがんばっていました。

それほど心のなかに、何か強い呪縛《じゅばく》があったのでしょう。

「嫌われる勇気」なんて、到底もてませんでした。

でも、断らないことで自分をがんじがらめにして、もう限界だという状態になったとき、おずおずと断ってみたら、相手は「あ、そう。じゃ、また頼むね」と軽い返答。

まったく嫌われませんでした。

断っても嫌われないのだ、怖がらなくてもいいのだ、ということがわかった瞬間でした。

それ以来、やりたくないことや、物理的にできないことは断ってきましたが、それが原因で嫌われてしまったこと、大事に至ったことは一度もありません。

「嫌われたくない」というのは人間の素直な心情です。「断っても嫌われない」「自分を出しても嫌われない」と理解していれば、〝勇気〟をもつ必要はありません。

相手を信頼し、安心して、自分の気持ちを伝えることができます。

もし断わって嫌われるような相手であれば、距離を置くべきなのかもしれません。

試しに、あなたが誰かに断られたときのことを想像してみてください。

残念に思うことはあるかもしれませんが、嫌いにはならないでしょう?

「いろいろ事情があるだろうから、しょうがない」と思うだけです。

断るときは、そのマイナス点ばかりを考えていますが、じつは、断ることによるプラスの意味合いもたくさんあります。むしろ、「NO」と言うことのほうがお互いのためにいいのです。

ストレスから解放されて、正直に生きられること。

「自分の意見をもった人」として見てもらえること。

自分のことを理解してもらえ、無理のない関係を築けること。

「断る自信のない自分」と決別できること……。

断るという決断に自信をもちましょう。

もちろん、事情によっては相手に合わせることもあり、断るにしても伝え方は大切。「断りにくい〜」というときは、「また今度声かけて」と未来に可能性をもたせたり、「〜だったら、できる」と条件つきで前向きに断ったりすることを覚えてください。

ランチやイベント、買い物など、何かのお誘いを断りたいときは、あれこれ言い訳をひねり出すよりも、ざっくばらんに「今回はパス」「それは行かなくていいかな」など伝えたほうが、風通しのいい関係になれます。

「今回は断るけれど、あなたとの関係は大切にするよ」、そんな気持ちが伝われば十分です。

習慣13 人にはやさしく、掛け捨ての親切をする

台湾で暮らしていたとき、まわりの積極的な親切に、最初は戸惑ったものです。

道に迷っていると、見知らぬ人が目的地まで案内してくれる。困ったことがあると、知り合ったばかりの人たちがご馳走《ちそう》をしてくれる……というように。

たいへんありがたいことなのですが、「何かお礼をしなきゃ」「こちらは何もできませんけど」と心苦しくなってしまうのです。

しかし、そう考えることは無用だと、だんだんわかってきました。

台湾の人たちは、どれだけ親切をしても「見返りがない」「お礼がない」などと相手を責めることはありません。親切は、あくまでも自分がやりたくてやっているという〝掛け捨て〟であり、相手には期待しない。「親切ができる自分が誇らしい」という気持ちで、人の

ために動くことで得られる〝自分〟の喜びや幸せに重きをおいているのです。

たしかに、人にやさしくしたとき、小さな親切をしたときは、ちょっといい気分になるものです。重たいものをもっている人を助ける。エレベーターなどで「お先にどうぞ」と先を譲る。困っている同僚を手伝ってあげる……。「ありがとう！」と感謝されるのもうれしいものですが、それよりも「やさしい自分」「愛のある自分」であることがうれしい。「私って、なかなかいい人じゃないか！」と自分を好きになれるし、幸せな気持ちになるのではないでしょうか。

反対に、ついいじわるなことを言ってしまった、冷たい行動をとってしまった、というときは、自分のことが嫌で、「もうバカ、バカ」と言いたくなります。

ときどき、自分から親切にしたのにもかかわらず、相手が不快なことを言ったり、お礼を言わなかったりすると、「あの人のためを思ってやってあげたのに」「あれだけいろいろしてあげたのに」などと恨《うら》みがましいことを言う人がいますが、お門《かど》違いでしょう。

どんな行動も「100%相手のため」ということはありえません。

後輩の面倒をみるのも、恋人のためにプレゼントを探してまわるのも、友人の愚痴を聞いてあげるのも、海に落ちた子どもをレスキューするのも、親孝行や子育てさえも、「自分の喜びのため」がいくらか入っているからです。

本来、人は「人が不幸になるのを見るのが嫌」で「人が幸せになるのを見るのが好き」なのです。「人のため」だからこそ、力が湧いてくるのです。

自分のために料理するときは適当でも、人の喜ぶ顔を想像すると俄然、張り切ってしまうでしょう。

「誰かのために何かをしたい」という欲求は、相手が喜び、自分が喜ぶ、最高の〝自己満足〟なのです。

もし、「人の不幸を見ることが好き」「自分ばかり損をしている」というのなら、何か心が傷つけられている状態なのかもしれません。

誰にでも、純粋に「してあげたい」と思う瞬間はあるものです。

「与える人」でありましょう。あり続けましょう。

まず、「相手のことを考えられる自分」であることは、一つの自信。

そして、「相手のために動ける自分」になれたら、もう一つの自信。

相手が喜んでくれたら、さらにオプションの自信が加わります。

自分に関わる人はもちろん、遠い国の人や困っている人にも、やさしい目を向けられる人でありたいものです。

自分のなかに〝愛〟をもっていることこそ、人間が生きていくうえでの根源的な自信ではないでしょうか。

習慣14 毎日続ける〝決めごと〟を、一つもつ

あなたは、毎日続けている〝決めごと〟がありますか？

私には、小さな決めごとがいくつかあります。ランニングをするとか、日記をつけると

か、英単語を5つ覚えるとかいったことで、そんな立派なことではありません。

まず、朝起きたらベッドを整える。コーヒーを丁寧に淹《い》れて飲む。仕事前に瞑想《めいそう》をする。外出から帰ってきたら服やバッグを定位置に戻すなど、どれもものすごく簡単なことです。

他人から見ると、あたりまえのこと、どうでもいいようなことでも、これらをちゃんとやると、「よしっ！」と心のなかで地味にガッツポーズ。すっきりした快感があり、次の行動もスムーズに始められます。

自己満足のちっちゃな快感ではありますが、「自分で決めたことを毎日やる」というのは、小さな自信の積み重ねになって、毎日の生活を支えてくれているように思うのです。

小さなことでも守ること、続けていくことに意味があります。

他人について考えてみるといいでしょう。

信頼できる人というのは、小さな約束でも守ってくれる人です。

小さな約束こそ大事。大きな約束なら守れなくても、そんなものかと思いますが、「やればば簡単にできるのに」ということができないと、いくらかがっかりします。一度だけ守るというのではなく、いつもそうしてくれることで大きな信頼になっていきます。

それは自分であっても同じこと。「自分との約束を守ること」「守り続けること」は、信頼できる自分をつくっていくのです。

これは、心を乱さずに、丁寧に日々の暮らしに向き合うことにもつながります。

アスリートたちが、出番の前に、験担《げんかつ》ぎをしたり、丁寧に同じルーティンを繰り返したり、同じ決めポーズをとったりするのも、平常心を保って集中力を高め、自信をもって臨むためでしょう。

続けるためには、自分が楽勝でできることが肝心です。

どんなに簡単なことでも、続けることは、いくらか負荷がかかります。

脳というのは、とても単純なもので、「続けることのできる自分」「自己コントロールができる自分」としての信頼になり、ほかのことにも自信がもてるようになるのです。

まずは一つだけ「決めごと」をつくってやってみてください。

「起きたら〜する」「お風呂に入ったら〜する」「帰宅したらすぐ〜する」というように、毎日やっている動作に結びつけると、忘れることなく、習慣になるのも早いでしょう。

習慣は21日間続けるとつくられるという説もありますが、たしかに3週間も続ければ、意識しなくてもできるようになってきます。

それができるようになったら、「これもやってみよう」という別の習慣が出てくるかもしれません。多すぎるとストレスになり、できない可能性もあるので、一つひとつ自分の生活に馴染《なじ》ませていくといいでしょう。


とくに、体や健康に関することは、何か一つ習慣をもつことをおすすめします。

体は心とつながっていて、小さなことでも体を整えたり、動かしたりする習慣があると、心も自然に健全になろうとします。体に緊張感がないと、心もだらけてしまうもの。体調が悪いとたちまち気力がなくなってしまいます。

これも簡単であることが大事。エレベーターでなく階段を上る、お風呂でマッサージをする、昼食の前に3分体操をするなどいろいろあるでしょう。

面倒くさがりを自負する私が健康のためにやっているのは、毎朝、体重を測ること。たったこれだけのことではありますが、「ちょっと食べすぎたから、今日はできるだけ控えよう」とか「体が硬くなっているから、ストレッチをやってみよう」とか、自分の体に関心をもち続けることができます。

同じ体重をキープしているというのは、ちょっとした自信になるものです。とにかく続けることが自信を育てる一歩。やっていて気持ちのいいことを、無理なく続けていきましょう。

習慣 15 計画は最小限に立てる

「自分で決めたことをやり抜く」というのは、たいへん立派なことですが、一方で「決めすぎない」ということも大事なのです。

ガチガチにやることを決めてしまったら、すばらしいチャンスがあっても気づけないか、気づいても逃してしまう。素敵な偶然が入り込む余地がなくなってしまうのです。

何より、計画通りなんて、楽しくないではありませんか。

これは、旅のしかたと似ています。

出発から帰宅まで、目的地に行って、何を見て、何を食べて……と計画を立てすぎると、それを実行することだけに追われて、肝心のものが見えなくなります。

計画は最小限にして、あとは風の吹くまま、気の向くまま……で柔軟に過ごしたほうが、さまざまな偶然が起こりやすくなります。もしかしたら、街でおもしろい発見があるかもしれない。寄りたくなる場所が出てくるかもしれない。そこで素敵な人と出逢えるかもしれない……可能性の種は、たくさん転がっているはずです。


真面目な人は、計画や目標を立てて、それに向かってひたすらがんばることこそ大事なのだ、という考え方をしがちですが、それに縛られてしまってはつまらない。「できないこと」が増えて、自己肯定感も高まらないでしょう。

これまで、多くの働く人を取材してきましたが、すぐれた仕事をしていたり、華やかに転身したりしている人のほとんどは、同じことを言います。

「まさかこうなるなんて思わなかった」

もちろん、いい意味で。つまり、目標を決めてコツコツがんばってきたというわけではなく、「たまたまこの仕事を与えてもらったので」とか「たまたま出逢った人に刺激を受けて」とか、そんなたまたまやってきた波にひょいと自分の意思で乗ってきた結果、ずいぶん遠くの場所まで流れ着いていた、ということです。

「波に乗る」というのは、自然の流れが後押ししてくれているということ。

もちろん、その人たちの努力もありますが、ただ自分だけの力でがんばるよりも、はるかに高いパフォーマンス力が導き出されます。

「流れに乗る×努力する」は、最強なのです。

これほど自己肯定感が飛躍するチャンスはありません。

「私はこんなこともできるのだ」と、自分でもおどろく瞬間がたびたび訪れるはずです。

「まさかこうなるなんて思わなかった」は、予想もしていなかったことではあるけれど、自分が考えていたよりも、はるかにいい未来だった、ということでしょう。

ただし、変幻自在な自分であるためには、

「こんな生き方をしたい」
「こんな人でありたい」
といった軸のようなものが必要です。ただ流されるだけでは、とんでもないところに行きついてしまうことがありますから。

仕事のしかた、休日の過ごし方、学び方、遊び方なども、大まかなことだけを決めて、あとは流れに任せてみましょう。やっているうちに、「これは別なやり方のほうがうまくいく」と計画を変更したり、「これはぜひともやっておこう」「いまはやめておこう」と状況に合わせたりすることもあります。

パーティやイベントなど、目的を考えず、ただ楽しんでいるときに、おもしろい出逢いがあったり、おもしろい企画が生まれたりすることもあります。

計画を立てすぎずにニュートラルな状態にしておくことは、最大のパフォーマンスを引き出すだけでなく、自分の気持ちに正直に動いて、喜びや楽しみをたくさん味わうことにもつながります。

ちょっとした偶然を受け入れることで、ある日突然、人生の展開ががらりと変わることを、私は実体験として知っています。

自分の奥に潜《ひそ》んでいた、自分でも知らなかったような性質や才能がひょっこり出てきて、人生の道が切り開かれていくことも知っています。

だから、自由に動いていくことは、楽しいのです。

旅の目的は、目的地に到着することではなく、旅そのものにあります。

「これから、どんなおもしろいことが起こるかわからない」、そんなワクワクした気持ちで未来を考えること、いまを楽しむことこそ、旅……いえ、人生の醍醐《だいごみ》味だと思うのです。

習慣16 万が一を〝ちらり〟と考えておく

自信があるのなら、万が一、失敗したときのことは考える必要はない、と思うかもしれません。

ドラマの主人公のように自信満々に「私、失敗しないので」と言えたらいいでしょう。

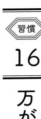

しかし、現実問題として、人間がやっていることすべてにおいて「失敗しない」「完ぺき」ということはありえません。

どんな仕事をするにも、どんな恋愛や結婚をするにも、どんな人生を歩むのにも、〝落とし穴〟と言うべきリスクはついてまわります。そんな万が一のリスクを〝ちらり〟と考えて備《そな》えておくことも、自分を信頼することにつながるのです。

〝ちらり〟が大事です。そのことばかり考えては、不安になったり、それに引きずられていまに集中できなくなったりしてしまいますから。

「大企業に就職したから安心」「結婚をしたから安心」「健康だから安心」という時代でもありません。私たちは、どんなことになっても、〝自分〟を信頼して生きていかなければならないのです。

そのためには、「これがダメになっても、～がある」という道筋を一つか二つもっておくことです。そんな〝保険〟があれば、伸び伸びと大胆な挑戦もできます。

「これしかない」と思えば、失敗を恐れて挑戦しなかったり、大きなプレッシャーで窮屈な思いをしてしまうでしょう。

ある友人は高校時代から華道を習って20代で師範の免状を取りました。

専門的な分野で長年活躍しながら、現在は会社役員にもなっていますが、「もし、会社を辞めるようなことになったら、自宅で華道教室を開こう」と、ずっと思っていたとか。

言いたいことを率直に言い、伸び伸びと働き、次々に大胆な挑戦をしてこられたのは、「万が一ダメになっても大丈夫」という心の余裕がどこかにあったからかもしれません。

備えあれば憂《うれ》いなしで、万が一の備えをもっていることは、ただ恐れるのではなく、恐れすぎずに前進していくことにつながるのです。

私も、さまざまなことに飛び込んできましたが、その根底にいつもあったのは、「すべてを失っても、また一から始めればいい」という気持ちでした。

健康でさえあれば、なんとか生きのびる道はある。いまの道を追求していきたいが、万が一、ダメになって新しい道を行くのもまたおもしろいんじゃないかと思っていました。

だから、「これは損なのか得なのか」「やることに何の意味があるのか」「ダメになったら時間の無駄では」などと考えず、どこまでもやりたいことをやってこられたのです。

仕事や生活のなかで、誰だって前に進むのに躊躇《ちゅうちょ》してしまうことはあるでしょう。「うまくいくのか、どうなのか」と不安になることはたくさんあります。

そんなとき、「ダメだったら、~すればいい。だから、気楽にいきましょうよ」と声をかけてあげてください。「ダメでも、大したことにはならない」「ダメでも、勉強になったからOK」など、それぞれ〝ダメ〟に対する決着のしかたがあるでしょう。

そうすれば、いまの場所で「これがダメになったら取り返しがつかない」などと追い詰められて苦しい思いをすることも、むやみに失敗や挫折を怖がることもなくなるはずです。

人生は予測もできない事態が多々起こりますが、それでもなんとか生きていけるものです。

ただし、本当の意味でのリスクヘッジとは、不測の事態が「起こったらどうするか」ではなく、「起こらないようにするには」と備えることです。

つまり、落とし穴に落ちたあとのことより、落とし穴を予測して避けていくこと。

たとえば、「病気になったらどうするか」を考えることも大事ですが、「病気にならないようにするには」と考えて日々食事に気を使ったり、運動をしたりすることが重要。

「離婚したらどうするのか」も大事ですが、「離婚しないようにするには」と毎日の生活で夫婦が心がけていくこともあるでしょう。

〝万が一〟を考えることは、けっして悲観的なことではなく、明るいほうに向かって、いまを生きることでもあります。

少々のことでは慌《あわ》てふためかない、頼りがいのある自分になっておきましょう。備えることは、自分に託《たく》された人生への責任でもあるのです。

習慣 17 自分も相手も裁《さば》くのをやめる

「この人は悪い人（いい人）だ」

「この人はダメな人（優秀な人）だ」

「この人は敵（味方）だ」

「この人は間違っている（正しい）」……。

そんなふうに人を裁いてしまうことは、誰でもあるでしょう。

でも、人を否定したり肯定したりしてしまいそうになるとき、大人として意識したいことがあります。

「ちょっと待てよ。そうとも限らない」ということです。

「いいところも悪いところもある」

「優秀な部分もダメな部分もある」

というように、ほかの可能性があることを意識するのです。

すべての人、ほとんどの物事は、白でもなく、黒でもなく、グレーゾーンの存在です。

場合によって、または、自分に対して、白が強く出たり、黒が強く出たりする、というだけのことでしょう。

白黒つけたがるのは、「ハッキリさせて対処していきたい」という前向きな人にもありがちな思考ですが、それでは相手も自分も疲れてしまいます。

たとえば、自分と意見が対立する相手を「この人は敵だ」と受け入れられず、否定ばかりしていては、折り合いをつけることも、仲良くなることもできないでしょう。

白黒つけたがる〝二極化思考〟は、ほかの可能性をなくしてしまう、ストレスフルな考え方なのです。

なぜそんな考え方をしてしまうのか？　というと、やはり生きてきた環境の影響が大きいかもしれません。私たちは、親や学校、会社などの考え方によって「いい・悪い」「正しい・間違っている」という2つのカテゴリーで物事を判断するようになります。

で、まわりの人に対しても、二極化した価値観で見てしまうようになるのです。

一つ問題を起こしたり、正しくない言動があったりすると、その人すべてを否定して、ばっさり切り捨ててしまうような世論の風潮もあります。世間が「悪い」と判断すると、「いい」という声は鳴《な》りを潜《ひそ》めて、テレビやネットのコメントは、どこまでも「悪い」方向に転がっていきます。

〝二極化思考〟の最大のデメリットは、自分自身のことも裁いてしまうことです。

脳は単純だと先に書きましたが、脳は「主語」を判断することができません。

他人を裁くクセがある人は、自分のことも「価値がある・無価値だ」と二極的に判断するようになります。

失敗した・間違った・怒られた・劣《おと》っている⇩悪い（と否定する）⇩自分は価値がないというように、ますます自信をなくしたり、自分を傷つけたりしてしまうわけです。

ほめられて育ってきた人たちが、自己肯定感が低いことがあるのは、こんなところも関係しています。

そして、「自分には価値がない」と感じたくないために、その場の〝正解〟に合わせるためのスイッチが入って、「いい人」であるための言動をとるようになります。

あれこれ言い訳をして自分を正当化したり、環境に合わせてハードワークになったり、自慢話をして優位に立とうとしたりして、たった一つのちっちゃな判断基準や評価に右往左往してしまうのです。

「ちょっと待て。こんな自分ですが何か？」

「よくないところもあるけど、いいところもあるでしょ」

と開き直って、〝グレー〟の自分を意識することで、「白か黒か」の呪縛から逃れ、自分の価値を自分で落とすことも防げます。

そもそも、他人のことも、自分のことも、裁く権利はないし、裁く必要性もありません。〝正しさ〟とは、一体誰が決めたのでしょう。

「いろいろな面があるからなぁ」と、グレーを認めて、それを楽しむくらいの気持ちをもつことで、ストレスからも解放された生き方ができるようになります。

他人もそうですが、とくに自分自身にけっして失望しないでください。

それは、大人として、自分や他人、現実などを「〝愛〟をもって見つめる」ということでもあると思うのです。

習慣 18 笑顔で毎日を過ごす

「この人は自分を信じているんだろうなぁ」という人は、楽しそうに、笑顔で生きている人です。

どんな場所で、どんな仕事をしていても、どんな見た目や服装であっても、どんな状況であっても、笑顔でいる人は、最高に誇り高く感じます。

弾けるように笑っている子どもや、にこにこしたおばあちゃんのように、「自信がある」とか「自信がない」とか意識することもなく、「いまの自分」がとっても幸せで、自然に自分を肯定できているのだ、と思うのです。

そんな人を見ると、心から尊敬し、清々《すがすが》しく、幸せな気持ちになってきます。

私たちは、「自信」という言葉を使うとき、「自信がある」という使い方はあまりしません。「自信がない」というときには、しばしば使いますが。

「自信がある」という言葉の代わりになるのは、〝笑顔〟ではないでしょうか。

スポーツ選手が、試合の前や、勝ったあとに笑顔になるとき。

緊張するような場面に立った人が、堂々と笑顔で振る舞うとき。

身近な人が、自分のいいことも、そうでないことも笑顔で話すとき……。

わざわざ「自信があります」と言わなくても、この人は自分を信頼しているのだ、とダイレクトに伝わってきます。

笑顔は自信の証明なのです。

「自信があるから、笑顔になる」というのも真実ですが、「笑顔でいるから、自信が満ちてくる」というのも、また真なり。もしかしたら、先に挙げた人たちは、自信をもつために、笑顔で振る舞っている可能性もあります。

単純なことですが、笑顔でいようと心掛けると、自然にそうでないことはシャットアウトして、明るいことを考えるようになります。

朝起きたとき、笑顔になろうとすると、今日もがんばろうと思う。

人と笑顔で話していれば、楽しい話題になったり、相手をほめたりする。

少々うまくいかなくても笑顔になれば、「なんとかなるでしょう」という気分になる……というように。

笑顔のいちばんの効果は、まわりの人も笑顔にできることです。

笑顔の人といると楽しくなったり、癒《い》やされたりするのはもちろん、「自分を受け入れてくれている」と肯定された気持ちになってきます。

私は、よく言葉の通じない国で人の写真を撮るのですが、笑顔で「ＯＫ？」と言うと、ほとんどは笑顔で応えてくれます。自分もまた、「相手に受け入れてもらえている」と自信が湧いてきます。つまり、笑顔でいることは、自分や相手、現実に対しての肯定、肯定、肯定……の連続なのです。

これほど、簡単、かつ効果的に自己肯定感が高まる方法はありません。

いまの自分に誇りをもって生きたいなら、とにかく笑って過ごすこと。

笑顔になることによって、不思議と心が落ち着いて、力が湧いてくるのは、誰もが実感することでしょう。

笑顔は、どんな流行りの服を着るよりも、どんな高価な宝石や時計をつけるよりも、人を美しく輝かせてくれます。
大切なのは、成長することでも、成功することでもありません。
自分を信じて生きることです。
今日も、明日も、笑顔でごきげんに、過ごそうではありませんか。

第4章

たとえ傷ついても自分を全否定しない

誰かによって傷つけられることはない

比較や評価にとらわれずに、自分を信じて生きていくのは、いちばん自然で、ゆたかな心の状態ですが、生きていれば、自信を失う場面は少なからず出てきます。

失敗や失恋をしたとき、叱られたとき、仲間外れにされたとき、競争で負けたとき、がんばっても報《むく》われないとき……誰だって自信をなくすことはあるものです。

まず、あなたに伝えたいことは、私たちは、誰かによって「傷つけられる」のではなく、自ら「傷つく」ということです。

たとえば、恋人から、別れを切り出されたとしましょう。

「失恋なんてよくあること。もっと素敵なカレを見つければいいじゃないか」

と頭で自分に言い聞かせたり、何かほかのことで気を紛《まぎ》らわせたりしても、思い出してばかり。そのたびに「それにしても、ひどいじゃないの！」と相手に腹が立ったり、「いったい私の何がいけないの？」と自分を責めたり……と、胸のあたりがギュギュッと締めつけられるような気分になってしまうものです。

「恋人が去ったこと」で自己肯定感が激しく傷ついてしまったからです。

でも、そんなふうに自信をなくしてしまったとき、こう自分に問いかけてほしいのです。

「本当にあなたを否定しているのは、誰ですか？」と。

そう、誰も「あなたには価値がない」と言っているわけではありません。

誰にも、あなたそのものの価値を否定する権利はないし、そんな事実はないはずです。

恋人が去っても、「お互いのためにはこれでよかったのかも」と自分や、その現実を肯定できる状態であったとしたら、さほど傷つくことはないでしょう。

自分をいつも好きでいること

自分の嫌っている部分や、「〜されると嫌《いや》」と恐れていたことなど、〝痛いところ（ウィークポイント）〟を、誰かの言葉や行動によって突かれたとき、まるで治りかけていた傷口がぱっかりと割れて血がほとばしるように、「悲しい」「つらい」「悔《くや》しい」といった感情がどばっと、あふれてきます。

それは、相手によって「傷つけられた」のではなく、もともとそんな土壌《どじょう》があって、何らかの拍子に自ら「傷ついた」ということ。自分の傷口を何度も触って、「私はダメ」「私は価値がない」と自分を否定し続けているのは、自分自身なのです。

とはいえ。もちろん、さまざまな言葉や状況に傷つくことはあります。

どんな人にも「こんなところは嫌」「こうなったら嫌」ということはあって、それは人間らしい〝恐れ〟のようなものでしょう。

で、どうすればいいかと言うと、他人の言葉や行動、いまの状況などで簡単に傷つけられる〝被害者〟になってはいけないということです。

「あの人がこう言ったから傷ついた」などとつねに被害者の立場でいたら、自分で傷を癒やすことはできません。何か言われるたびに、自信をなくしてしまうばかりでしょう。

私たちは、感情の〝責任者〟であるという自覚をもってください。

主体性をもって考え方や行動を変えることで、感情を立て直していくこともできます。傷ついても、できるだけ早く立ち直るという選択もできるのです。

本当の自信を失わないためには、どんなことがあっても、自分を肯定し続けること、自分を好きでいることです。

他人があなたの自尊心を傷つけているのではありません。

自分を嫌うから、いとも簡単に傷ついてしまうのです。

自信をなくしたときの具体的な方法については、これからお話ししていきましょう。

叱られても全否定されたわけじゃない

つねづね「この人は自己肯定感が高い」と感じている友人に、「これまで自信をなくしたことはないの?」と訊いたことがありました。

「もちろん、ありますよ。小学校のとき、体育が苦手で、私のせいでクラスリレーが負けたことがあった。そのとき、成績の悪い男子に『オマエが走るのが遅いからだ』って責められたときは、悔しくて、みんなに申し訳なくて……。でも、走るのが遅くて悔しかったんじゃない。勉強だったら、その男子に負けないのにって思うと悔しかった。自分ができる部分は表に出てこなくて、できないことが目立つなんて、私、運が悪いなぁって……」

なるほど、だから自己肯定感が高いのだ、と私は膝《ひざ》を打ったのでした。

「走るのが遅い」と言われても、そうなんだからしかたがないとあっさり認める。速く走ろうと努力するわけではなく、「自分なりに優れた部分があるから、それでいい」と、けっして自分を否定することはないのです。

彼女は、社会人になって、上司に叱られても、まったく平気だったといいます。

「叱ってもらえるのは、ありがたいこと。上司は気を使ってこっそり叱ろうとするけど、それでまるく収まるなら、人前で叱ってもらってもいいとさえ思っていた」

これも納得。彼女は、叱られても、それは〝一部分〟であり、ただその点を直せばいいとシンプルに思うだけ。人前で叱られても、自尊心が傷つくことはないのです。

根っこのところで自分を信じているので、何かの点で否定や批判をされることがあっても、ちっとも〝恐れていない〟ということでしょう。

昨今は、「私、打たれ弱いですから」「ほめられて伸びるタイプですから」と自分で言う新人が多いと聞きますが、ちょっと叱られただけで、全否定されたように感じてしまうのかもしれません。

根っこの自分に自信をもつ

自信というのは、二層になっていると考えると、わかりやすいのではないでしょうか。

一つは、自分の中心、見えない根っこのところにある「存在の自信」。

そして、もう一つは表面に見えている、さまざまな「部分的な自信」。

「存在の自信」とは、〝そのままの自分〟を信頼する基本的な自信であり、「自尊心」とも言えます。「部分的な自信」とは、容姿や能力、性質など〝一部の自分〟に対する自信です。

この二つを切り離して考える必要があります。

「部分的な自信」でいくらか傷ついても、「存在の自信」がピカピカの無傷であれば、どんな自分であろうと、「私には私のいいところがある」と自分を認めることができます。

すぐに自信をなくしてしまう人は、「部分的な自信」で傷つくと、その傷が中心の「存在の自信」まで達してダメージを受け、「生きている価値がない」「私なんか何をやってもダメ」と自分のすべてを否定してしまうのです。

これは、私たちの脳や感情のクセも影響しています。

私たちは、危険を避けて生きていくために、いいことより、よくないこと、嫌なことに注力するというクセがあります。そして、感情的になって怖がりすぎるクセがあります。だから、自信を取り戻すためには、傷ついたときに「大したことないから大丈夫」と教えてあげればいいのです。部分的な傷で食いとめましょう。

具体的には、次の2つのことを言い聞かせてあげてください。

「それは、ある一点だけのことだ」

ひどいことを言われたとしても、〝特定の人〟が〝一点〟だけに対して言っていること。自分ができないことがあっても、その〝一点〟だけのことです。それを意識すると、自尊心が無闇に傷つくことはなく、冷静になって現実を受け入れることができます。

「自分には自分のいいところがある」

自分にないものに焦点を当てずに、あるものに焦点を当てること。暗闇ではなく、光にフォーカスすることで、暗闇は見えなくなってきます。

傷ついたときは、「私には私なりの価値がある」「私はこれでいい」と自分を肯定し、自分を愛する言葉に変えてケアしていってください。

自分なりのケリをつけて前に進んでいく

自信を取り戻すには、自己否定をやめることですが、これが「わかっちゃいるけど、やめられない」のではないでしょうか。考えてもどうしようもないとわかっているのに、クヨクヨと考えてしまう。そして、自信がどんどん奪われていく……。起きた出来事や自分を否定しているかぎり、「決着がついていない」からです。

自分なりのケリをつけて進むためには、起こっている出来事に対する〝解釈〟を変える必要があります。そのために、次の2つのステップを試してみてください。

【ステップ1】「自己否定100%」⇓「自己否定＋自己肯定」に変える

大きな失敗をして落ち込んでいるときは、こんな状態ではないでしょうか。

・「自己否定100％」

「大きな失敗をした。上司にも叱られた。まわりにも迷惑をかけた。私ってダメだ。ほかの人はみんなできているのに……」

つまり、「失敗＝悪い」と考えて、否定、否定、否定……と、100％否定をしているのです。たいへん短絡的な考え方です。

これをこんなふうに変えてみてはどうでしょう。

・「自己否定＋自己肯定」

「大きな失敗をした。上司に叱られたけど、勉強になった。まわりに迷惑をかけたが、みんな優しく許してくれた。私は器用ではないから、人と比べずマイペースでいこう」

よくないこともあるけど、いいこともある（あった）と、ちゃんと認めるのです。

実際、いいこと、肯定できることもたくさんあるのに、否定ばかりにフォーカスしているときは、そこは見えなくなっているのです。

「自己否定100％」になりそうなときは、大急ぎで、少しでも肯定できる点、自分にとっていい点を探しましょう。

【ステップ2】「これはこれでよかった」とつぶやく

肯定できる部分が見つかったら、すかさず、次のような言葉で決着をつけましょう。

「これはこれでよかった」

「ちょうどよかった」

「むしろよかった」

バカボンのパパの名台詞のように「これでいいのだ！」と現実を肯定して冷静に受け入れることで、気持ちが軽くなり、そのことに足をとられずに進んでいけるはずです。

これが一つの決着であり、自信を取り戻すことにつながります。

この2ステップは、過去の後悔と決別して、過去と仲良くするときにも有効です。

「あのとき、なぜあんなひどいことを言ってしまったのか……」

「あのとき、彼のプロポーズを受けていれば……」

「あのとき、挑戦しておくべきだった……」

など、いろいろな後悔があるでしょう。誰も責めていないのに、自分だけが自分のことを長年にわたって許せず、責め続けているはずです。

【ステップ3】自分に必要なことだけをインプットする

自分が自分に対して、いちばんいじわるな存在なのです。

でも、その時点では、それが最善の選択だったのです。

「あれがあったから、いまがある」

「気づかせてもらったことがある」

「別の可能性を見つけられた」

など、失ったことよりも、得たことに焦点を当ててみましょう。思い出すたびに「あれはあれでよかった」とつぶやいていると、自然に気持ちも追いついてくるはずです。

いま起きていることや、過去に起きたことを肯定することは、自分を信じること、自分を好きになること、自分を大切にすることに他なりません。

クヨクヨにストップをかけましょう。自信を失ったままの人は、過去の後悔と未来の不安で生きることになります。自信を失わない人は、大切ないまを生きるのです。

自分を非難する言葉に「同意しない」

自分を否定、批判するようなことを言われても、それほど落ち込まない人、立ち直るのが早い人を見ると、「あの人は強くていいなぁ」と思うかもしれません。

でも、それは心の強さとは関係ありません。あまり落ち込んでいない人は大抵、心が屈強なのではなく、「さほど受けとめていない」のではないでしょうか。

たとえるなら、自分を傷つけようとする矢が飛んできても、強い心で受けとめるのではなく、ひょいとかわしているのです。

「あなたは役に立たない」と言われたら、それに〝同意しない〟ということが大切です。

相手の言うことに「そうなんだ……」と同意しては傷つくことになるので、「それはあなたの感じ方の問題でしょう！」「何を言ってるのよ、ふんっ！」などと思っておけばいいのです。

もしくは、一部では同意しても、自分に必要な点だけ残して、あとはスルーするのです。「なるほど。その点ではたしかに役に立たないけど、しょうがない」「ほかのところで役に立つようにすればいい」というように。相手の期待に応えようとするから、苦しくなってしまうのです。

否定、批判されるのは、誰しもつらいものですが、相手は都合のいい〝何か〟を求めているだけです。

そんな言葉に振りまわされるのは、まっぴらだと思いませんか？

否定的な思い込みが自信をなくさせる

じつは、これは自分自身に対しても言えることなのです。

「どうして、私はこうなんだろう」と自分を責めているとき、そこには「～でなければならない」「～しなければダメ」といった思い込みがあります。

自分に期待することは悪いことではありませんが、過度な期待に応えようとすると、しんどくなります。

私たちは、なんとなく思い込まされていることがあるはずです。

たとえば、

「いい娘（妻・母）でなければならない」

「人から好かれなければならない」

「ポジティブでなければならない」

「幸せであるためには～しなければならない」

「失敗をしてはいけない」

というように。

このような思い込みがあると、「～した自分」には価値があるけれども、「～しない自分」には価値がないと潜在的に決めつけてしまいます。

自分に対して否定的な思い込みをしているのが、「自信がない」状態です。

だから、自信をなくす気持ちになったら、思い込みを疑ってみるのです。

「待てよ。本当に～しなければならないのか？」「本当に私はダメなのか？」と。

自分の思い込みや期待に同意せず、〝いまの自分〟のほうを信頼するのです。

「～しなければいけないことなんてないでしょう！」

「これが自分なのだからしょうがない」

と開き直ってもいいのではないでしょうか。

自信をなくしそうになっているときは、自分の思い込みに気づくチャンスです。

いまの自分を否定しているものは、心からそうしたいと思う信念なのか、それとも、たんに自分を窮屈にしている思い込みなのか、見極める機会かもしれません。

思い込みのシナリオが間違っているなら、それを書き換える必要があるでしょう。

批判、否定されて傷つく度合は、自分のことをどれだけ好きでいるか、どれだけ自分を肯定しているかに比例します。

ありのままの自分でも十分すばらしい価値があり、愛すべき存在であることを、けっして忘れないでください。

つらいときは思いきり泣く、話を聞いてもらう

あれこれ考え方を改めようとしても、やはり、自信をなくすときは、大いに落ち込んだり、大いに泣いたりするのも、また立ち上がって進んでいくプロセスの一つです。

感情というのは、押し込めたり、我慢したりしようとすると、よくありません。どこかにそのしわ寄せが出てくるものです。

素直に、さっさと認めるのです。

「あーあ。自信をなくしてしまった」と。

たとえば、自分が怠《なま》けていたせいで、大きなミスに至った。まわりから猛攻撃を受けた。迷惑をかけてしまった……。あきらかに「自分が悪い」ということがあったとしましょう。

ずどんと落ち込んでも、それを否定せず、「まぁ、自信がなくなるのも当然だよね」と、

自分の気持ちに寄り添うのです。

自信がなくなる状況に、自分で「ＯＫ」を出すのも、また一つの自信です。

いいことだけを認めて、そうでないことは認めないなんて愛がないではありませんか。

つらいときは、とことん悲しんだり、悔《く》やんだり、怒ったりすればいいのです。

だんだんそれに疲れてきますから。同じ感情というのは、長く続きません。

そのときに、「じゃあ、これからどうする？」と前を向くのです。

後ろ向きの感情を出し切ってしまえば、不思議と前向きの考えがふっと湧いてくるはずです。「今回は私が悪かったけれど、いい勉強になった」「二度とこんな目には遭いたくないから、次は挽回《ばんかい》しよう」というように。

落ち込んでいるとき、信頼できる人に話を聞いてもらうのも一つの解決策。

〝信頼できる人〟というのがポイントで、「この人だったら、悪いようにはならないだろう」という人を選びましょう。適当にかわしたり、自分の話ばかりしたりする相手では、モヤモヤした落ち込みが残りますから。

一人、話を聞いてくれる相手がいるだけで救われるものです。

「あなたはよくがんばった」「そういうこともあるよ」などと慰《なぐさ》めてくれると癒《い》やされますが、そうでなくても、ただ人に話しているだけで、自分のことが客観的に見つめられて、「そんなに深刻に考えることでもないか」など、自分で解決してしまえたりします。

人に話をすることで、自分だけで抱えていた重い荷物を降ろせるのです。

どんな自分も肯定する

自信をなくすような出来事があったとき、場合によっては、「とことん寝て忘れる」「とことん休んで忘れる」「とことん遊んで忘れる」というのもあり。

ときには、思いっきり自分に甘くしてあげてもいいではありませんか。

モヤモヤが完全に吹っ切れなくても、そこから一旦離れることで、少しは気持ちがラクになるはずです。

「自信をもたなきゃ」と焦《あせ》ったり不安がったりするのではなく、休んだり、やりたいことをやったりして、ひたすら「どんな自分でもＯＫ」と自分を肯定し続けてください。

弱っているときは、心のリハビリをしながら、エネルギーを充電するときです。

そうこうしながら、いつもの日常を過ごしているうちに、「またできるかも」とうまくいく感覚がふっと蘇《よみがえ》ってくるときがきます。かならず時間が解決してくれるのです。

自分自身が、自分にとってのいちばんの理解者であり、応援団です。

私たちは心の根底で「あなたは、やればできるんだから」とエールを送り続けているはずです。

そんな愛のある声を信じましょう。信じ続けましょう。

大切なのは自信をなくさないことでも、がんばって自信を取り戻すことでもありません。

どんな自分でも肯定すること、好きでいることです。

自信をなくしてもそれを受け入れること、また歩こうとすることこそ、自信そのものだと思うのです。

愛されていること、愛していることを思い出す

自信をもつために大きな栄養となっているのは、次の2つです。

自信の栄養＝
「愛されていると感じる愛情体験」
「やればできると感じる成功体験」

一時的に、自信に大きな傷を負ったとしても、「愛情体験」や「成功体験」をもつことで、その傷を修復できるのです。

ここでは、その一つ、自信を取り戻させてくれる愛情体験についてお伝えしましょう。

根本的に愛され、認められて育ってきた人が、自己肯定感が高い傾向があるのは、なんとなく理解できるでしょう。どんな自分であっても「これでいいのだ」と潜在的に感じているので、自信を失いにくく、また自信をなくしても早く立ち直ることができます。

子どものころに、「そのままの自分」を否定された人、「あなたが〜だったら好き」と条件つきの愛を与えられた人は、すべてではありませんが、何かと虚勢を張ったり、反対に卑屈《ひくつ》になったりすることがあります。

自分のことも、他人のことも信じることができないからです。

しかし、それが足りなくても心配はいりません。

その後の人生で、愛し、愛される人、信頼し合える人にめぐり逢えば、自己肯定感を高めて自分を好きになることはできます。

そう、生きていくために、〝愛〟は必要なのです。

とくに、自信をなくしてしまったとき、落ち込んだときなど、「自分のことを気にかけてくれる人がいる」というだけで、救われることがあります。

恋人や夫、子どもがいると、いつも「自分は愛されている」と実感できるのでしょうが、それだけでなく、親や友人、信頼している人など、自分を支えてくれる人がいるはずです。

私は、モヤモヤすることがあるとよく、深夜、誰かに電話します。

悩みや愚痴を聞いてもらわなくても、ただ世間話をしたり、近況を報告し合ったりするだけでも、元気になれるのです。「自分のことを受け入れてくれる人がいる」という事実は、生きていくための栄養になってくれます。

先日、実家の整理をしていたら、母が私を産んだあとに書いた育児日誌が出てきました。

そこには、「あなたがいることが幸せ」ということがあちこちに書かれていて、それはよかったと、まるで他人事のようにしみじみ。

母は「私は子どもを育てた覚えはない。勝手に育ったのだ」と言うほど子育てに無頓着《むとんちゃく》な人でしたが、つねづね「子どもは生きているだけでいい」と言っていたのが、母なりの愛だったのかもしれません。

なるほど、ここにも愛があったのかと、心にじんわり栄養を与えてもらった気分になったのです。

人は、愛を感じると、理屈抜きにやさしく、元気になれるのです。

人は誰も、たくさんの人に支えられている

子どものころからいままでの写真を眺《なが》めるとき、先祖のお墓参りをするとき、たくさんの人に愛され、支えられて、いまの自分が存在していることを実感します。

仕事が誰かの役に立っていると感じるとき、その仕事を支えてくれる人たちの情熱を感じるとき、やはりそこに何かの愛が存在していることを実感します。

「みんな、ありがとう！」という気持ちで、また歩き出せるのは、単純なのでしょうか。

あたたかい眼差《まなざ》しはいつもどこかから向けられているのに、余裕がない状態でいるときは、それが見えにくくなっています。

ふと緊張をゆるめたときに、そうだ、ここにも、あそこにも、たくさんの眼差しがあったのだと見えてくるのです。

また、人から与えてもらう愛も大切ですが、もっと自分を好きになれるのは、誰かを愛していると感じるとき、自分のなかにある愛を感じるときではないでしょうか。

恋人や夫を愛すること。

親や子ども、友人、同僚などまわりの人を愛すること。

暮らしている場所を愛すること。

仕事や趣味を愛すること。

愛には、さまざまな愛があるでしょう。

人のことを気にかけたり、何かのために一生懸命になったり、好きなことを夢中でやったりしていると、自分を信じられなくなる気持ちなどどこかに吹き飛んでしまいます。

人は愛されることを求めがちですが、本当は自分が愛することで幸せになれるのです。

自分のなかに愛があるから、他人からの愛も素直に受けとることができます。

自信をなくすようなときは、自分のなかにある愛に目を向けてください。

〝愛〟が人間にとっていちばんの喜びであり、私たちを支えていることを理解したら、人生や生活の優先順位も変わってくるのかもしれません。

「欲望」と同じだけ、「感謝」の気持ちをもつ

私は、何かのきっかけで自信をなくしてしまうようなとき、こう反省します。

「求めすぎかも」

欲しすぎているから、〝足りないもの〟に目が向いてしまいます。そして、失敗した、うまくいかなかった、比較で負けたなど、自分の価値を落とすような出来事があるとさらに、足りないものが際立って見えてしまうのです。

同時に、こんなことも反省します。

「〝ありがとう〟が足りないなぁ」

感謝することを忘れているから、〝恵まれていること〟には目が向かなくなってしまう。

自信がなくなるのは、自分のなかに〝ないもの〟ばかりが見えて、〝あるもの〟が見えなく

なっている状態なのです。

うまくいっていないことにも感謝？

欲をもつこと自体は、悪いことではありません。

もっと成長したい、もっときれいになりたい、旅行にいきたい、もっと多くのものをもちたいなど、いろいろな欲があるでしょう。

しかし、「欲するばかりで感謝をしていない」状態だと、もっと、もっと……の連続で、どれだけ手に入れても満たされず、欲の世界で生きることになります。

逆に、「感謝するばかりで欲しがらない」というのも、平和な世界ではありますが、修行僧のようで、力が湧いてきません。人は、欲があるから、がんばれるのです。

大切なのは、「欲しがったら、それに見合った分の感謝をする」ということです。

〝欲〟と〝感謝〟のバランスをとろうとすることが、幸せな状態をつくり、傷ついた自信を修復することにもなります。

たとえば、仕事で大きなミスを犯《おか》して、自信をなくしたとしましょう。

そんなときはつい「私ってバカ」「また迷惑をかけた」「上司も失望しただろう」など、足りないことばかりに目がいきます。

そんなときは、「求めすぎ！　すべて完ぺきにできるわけではないでしょう」と欲求レベルを改めるのと同時に、ひたすら感謝するのです。

「早くミスがわかってよかった」「同僚が助けてくれた」「そもそも、この仕事を与えられて、ミスができるのは幸せなことではないか」などなど。

うまくいったときに「ありがとう」と感謝することはもちろん、何もないとき、うまくいっていないときこそ、「ありがとう」は大事です。

少々の失敗や挫折があっても、感謝があれば、肩の力を抜いて「またやってみよう」という気持ちにもなってきます。

ある世界的な登山家が、山で苦しみがやってきたときに、その苦しみをどうやったら克服できるかと、いろいろ試したそうです。苦しみから逃げようとしても逃れられず、戦いを挑《いど》もうとするとますます苦しくなる……。そこで、こう考えたそうです。

「ありがとう。なんて素敵な経験をさせてもらっているんだろう」

苦しみを感謝して受け入れることで、すっとラクになって進んでいけたとか。

ときどき、オリンピックの選手が「モチベーションは感謝」というようなことを言っているのも、感謝は自分を信じることにもつながるからでしょう。

感謝はストレスやプレッシャーなどの恐れも遠ざけてくれます。感謝と恐怖は、同時にもてません。感謝することで、恐怖を飼い馴らすこともできるのです。

「ありがとう」は最上級の〝肯定〟なのです。

自信をなくしたら、そこから逃げず、戦わず、「ありがとう」と言いましょう。

泣きながらでも、怒りながらでも、悔しがりながらでも、「ありがとう」です。

怖がって進めなくなっていても、また一歩が踏み出せるのは不思議なほどです。

自信をなくしても、ゼロにはならない

専業主婦を何年もしていた女性が、再就職をしようとしてもうまくいかず、「自信がなくなった」ということがあります。

「結婚前に数年、経理の仕事をしていたのですが、いまはパソコンが主流でついていけない。私にできる仕事がなくて、どこにも求められていないんだって、すっかり自信をなくしてしまいました」というように嘆《なげ》くのです。

このようなときは、戦うフィールドが間違っていることがほとんどです。

若い人と同じ土俵に立っても、負けるのは目に見えています。

たしかに昔やっていた仕事のスキルは、アテにはならないでしょう。

しかし、「社会人として働いていた」という経験はゼロではありません。パソコンができ

なくても、「料理ができる」「同時にさまざまなタスクを処理できる」「むずかしい人ともうまくつき合うことができる」など、さまざまなできることがあります。

若い同僚の相談役や知恵袋的な存在になることも可能でしょう。

自分のなかに積み重なった経験やスキルは〝ゼロ〟ではない。それを使って、やれることは何かしらあるものです。経験が増えるほど、選択肢は増えているのです。

自分を何かの型にはめようとするのではなく、自分のなかのゼロではない自信から、自分なりの方法で、何かを生み出そうとすることが、大きな自信になっていきます。

そんなふうに自分の人生を模索して自由につくっていく感覚は楽しいではありませんか。

〝自分らしさ〟や〝自分の道〟なんて、もともとあるわけではなく、動いているうちにできてくるものです。

これまで見たことのない景色を楽しむ

年を重ねると、これまであったものがなくなる、これまでできていたものができなくなる、といった感覚を味わうことがあります。

たとえば、若いときのようなピチピチした美しさはなくなります。昔は、恋人と別れても「そのうち、新しい人が現れるだろう」という自信があったのに、アラフィフともなると、「これまでと同じようにはいかないだろう」と思ったりします。

体力にも自信がなくなります。

昔は「徹夜の仕事も肉体労働も、何でもやります！」と言ってきたのに、いまはそんなことをやる自信はありません。

しかし、そんな自信はなくなっても、やはり「〝ゼロ〟ではない」と思うのです。

恋愛ができないわけではないし、少々であれば体を使った仕事はできる。やれることもたくさんある。むしろ、その年齢なりのおもしろいことができます。

若いときには行けなかったような場所に堂々と行けるのも、知的な会話を楽しめるのも、人とのつながりでおもしろい体験ができるのも、年を重ねたがゆえの喜びです。

そこには、これまで見たことのない景色が広がっています。

たとえ、お金がなくなっても、仕事がなくなっても、頼れる人がいなくなっても、自信メーターがゼロになることはありません。

外から見るとゼロになっていても、自分のなかに貯金をするように積み重ねてきたものは、けっしてゼロではないからです。

いちばん怖いのは、自信をなくして、何も動かなくなることです。

「もうダメだ」と自信を失いそうになることがあっても、行動してきたという自信は得られているはずです。

「〝ゼロ〟にはなっていない」と、自分のもっているものを思い出せば、もう一度、挑戦することや、再スタートすることもできるのではないでしょうか。

第5章

自分が行きやすい道を選択して生きる

たった一つの自信からスタートしよう

高校の卒業のときだったでしょうか。ふだんは地味で目立たない担任の先生がクラス全員に意外なメッセージをくれたことがありました。

「何でもいいから日本一になれ！」

当時は「まぁ、なんと大それたことを。日本一になれるのは、ものすごく優秀で限られた人だけで、私には到底、無理なことなのだろう」と思ったように記憶していますが、その言葉が心の片隅に残っていたのは、「もしかしたら……」とその可能性をまったくゼロにしたわけではなかったからでしょう。

それから私は日本一どころか、社会のいわゆる〝ふつう〟というレールからも外れて、仕事を転々としました。自信をもてるものは何もなく、すべてが中途半端。仕事や家庭をもって自分の人生を着々と進めている友人を横目に、自分に対してなんとなく残念な思いを抱えていました。「これでいい」という気持ちと「こんなはずじゃない」という気持ちが、ときどき交互に襲ってきました。

そして30歳をすぎてカメラマンの仕事をするようになったとき、恩師の「日本一になれ」という言葉をふと思い出したのです。

写真は独学で、下積みもないままプロになった私が、もちろん日本一になれるとは思いません。でも、もしかしたらそれに近づくことや、何かのジャンルで一番になることは可能かもしれない。ともかく、できるところまでやってみようではないかと思い立ち、私はワクワクした高揚感をもって走り始めました。

それから写真漬けの日々でした。途中、別な仕事をし始めても、深夜まで撮影やモノクロフィルムの現像をして、写真の本や雑誌は片っ端から読みました。あちこちの写真展に足を運び、海外の世界的な写真展も見に行きました。

小さな目標であった個展を開いたとき、ちょっと誇らしいような、ほっと安堵《あんど》するような気持ちになったのが、一つの自信になったのでしょう。

そのときやっと、自分自身に〝ＯＫ〟を出せたのです。

恩師が「何でもいいから日本一になれ！」と言った意味はいまもよくわかりません。

でも、実際に日本一になるかどうかはともかく、自分も日本一になれるかもしれないと、その可能性を信じる気持ちが重要なのだと思います。

何か一つのことに自信をもつと、不思議なもので、ほかの分野にもそれが広がっていきます。やったことはなくても「できるんじゃないか」と思えてくるものです。

「どこまでできるか」と自分の力を試してみたい

どんな状態でも、どんな人であっても、自信をもつことはできます。

お金も仕事もなく孤独な状態であろうとも、「自分はこれでいいのだ」と、自分にＯＫが出せれば、誇りをもって生きられるでしょう。

しかし、生きていればかならずいつか、「人のために自分ができることは何か？」と個人としての社会的な価値を問う瞬間がやってきます。「やりたいことを十分にやってきたのか？」と自分の満足感を問う瞬間もやってきます。

人は潜在的に、「どこまでできるか」と自分の力を試してみたいのです。

自分の力をあまり出せていない状態では、なんとなく自信がもてないのではないでしょうか。

これまで、たくさんの優《すぐ》れた仕事人や、才能に秀でた人たちを見てきて思うのは、その人たちは最初から特別な才能があったわけではなく、一つのことをただ熱心にやってきた人であるということです。

日々時間をかけてやっていれば、大抵の場合、何かしら成果は出るものです。

スポーツ選手の奇跡的なプレーも、芸術家の感動的な作品も、科学者の優れた発明も、すべて、小さな時間の積み重ねの上に成り立っているのです。

人生には、まだ時間が残されているはずです。

何か一つ、「どこまでできるのか」、思いっきり挑戦してみませんか?

日本一にならなくても、「やりたいことを思いっきりやっている」という実感こそ、いちばんの幸せ。そんな自信があれば、人との比較や競争なんて、どうでもよくなるはずですから。

自分を〝枠〟のなかに閉じ込めない

ときどき訪ねる知的障がい者施設があります。

そこでは、陶芸や木工、刺繍、絵画など、それぞれが好きなことをしていて、独創的な作品をつくっています。その作品は全国で展示会をして、大きな感動を呼ぶほど。

彼らは、何の制約もなく、やりたいことを夢中でやっているから、誰かが止めないかぎり、永遠に作業を続けるといいます。

もし、彼らが、障がい者だからと〝枠〟にはめられて、一律的に単純な手作業などをやらされていたら、きっとすぐに飽きてしまうし、その本領は発揮できないでしょう。

好きなことだから、楽しくてたまらず、いくらでも続けられるし、新しいことを思いついては、次々にすばらしい作品を生んでいくのです。

何の不安もなく、「楽しくてやめられない」というのは、いちばん自分を信じられている状態なのでしょう。

同じようなことが、私たちにも言えると思うのです。

目の前の仕事に真剣に取り組んでみる

「やりたいこと」をやっている人たちは、理屈抜きにいい顔をしています。収入が少なくても、先の展望が見えなくても、少々しんどくても、それほど怖がっていなくて、意外にお気楽なもの。心も行動も〝積極的〟な状態で、自分を信じられているのです。

一方、与えられた仕事をやっているだけでは、何かしら不満が出てきます。

もちろん、それが「やっていて楽しいこと」であるなら、問題はありません。

編集者さんのなかでも、情熱をもって仕事を楽しんでいる人は、「やりたいことをやらせてもらって、お金までもらえるなんてありがたいことだ」なんて言っています。

しかしながら、「好きな仕事ができる人なんて、滅多にいない」「好きなことよりも、収入のほうが大事」などと言って、仕事の内容には妥協していることが多いのも事実。何かの〝枠〟にはめられて、やりたくないことを受け身になって〝消極的〟にやっているときは、自信とはかけ離れた状態で、自分を好きになることもできないはずです。

また、「自分を生かす仕事がしたい」とは思うものの、どの点が生かせるのかは、よくわからないものです。とくに一斉採用で就職した20代のころは、何のスキルももたず、ただ会社の指示に従うだけで精一杯でしょう。

そんな人は、まず目の前の仕事に真剣に取り組んでみることをおすすめします。

仕事は、好きなことをやるか、やっていることを好きになるかのどちらか。本来、望んでいない仕事でも、丁寧にやること、工夫することで、ひょっこりと、おもしろさや楽しさが出てきて、やっているうちに好きになることはあります。

それでも、仕事を好きになれないときは、「自分が何をやって楽しいか？」を考える必要があるかもしれません。あれこれ試してみるのもいいでしょうが、子どものころから「やっていて楽しいこと」は意外に変わっていないものです。そんなところに選択のヒントはあります。

仕事は仕事と割り切って、趣味やボランティアで好きなことをやるのもありでしょう。

人は自分のやりたいことを伸び伸びとやる場所、自分を解放する場所が必要なのです。

いずれにしても、動いていくうちに、かならず答えは見つかります。

また、私たち自身が思い込んだ〝枠〟に自分を閉じ込めてしまうこともあります。

将来やりたいことを考えるとき、「私は貯金がこれくらい」「能力はこれくらい」「年齢はこれくらい」「容姿はこれくらい」……「だから、これぐらいのことなら、できるだろう」または「これはできないだろう」と、自分の可能性を決めつけてしまうのです。

条件のあれこれや、できるかできないかは関係なく、「ただやりたい。だから、やる」でいいのです。いまは無謀な夢であっても、その方向に進んでいれば、夢のほうから近づいてきますから。

いつの間にか、それまでの枠を破って、実現可能な自分になっているのです。

私たちは、自分が思っている以上に、大きなことができるのです。それがどこまでなのかは、やってみなきゃわからない。自分を何かの〝枠〟に押し込めるのではなく、伸び伸びと生かしてあげる場をつくってください。

それができるのは、自分自身しかいないのです。

「私にしかできないこと」を考えてみる

仕事を選ぶとき、「自分のやりたいこと」をするべきか？　それとも「人から求められること」をするべきか？　と、何度か相談を受けたことがあります。

「やりたいこと」と「求められること」の接点を探っていくのがベストなのですが、仕事であれば「求められること」を軸に考えたほうがいい、というのが私の意見です。

需要がなければ仕事として成立しません。「誰かのために役立っている」「喜んでもらえている」という実感は、やり甲斐になって、多くは「やりたいこと」になっていきます。

人に喜んでもらうのは、人間の根源的な喜びなのです。

人から頼りにされることで、自分の価値を実感することもできるでしょう。

ただし、「誰にでもできる」という仕事ではなく、「〝あなた〟にお願いしたい」といわれることが肝心です。

世の中を渡っていく武器

50〜60年ほど前までは、「まず手に職を」と、生きていくためのスキルを身につけたものでした。高度成長期になって、会社に雇われることや結婚することで生きていけるようになりましたが、だんだんそれもアテにならなくなってきました。

「私にはこれがある！」という個人としてのスキルを、何か一つでも身につけておいたほうが心強いのではないでしょうか。それは、世の中を渡っていく武器にもなり、何かあったときの保険にもなりますから。

建築会社で働く知人は、会社から資格取得を求められて、誰も手をあげなかったことから、次々と8つも取得したといいます。

そうなると、会社での立場も強くなり、ほかの会社に転職することも可能です。

私は「会社に人生のすべてを預けては危ない」と身をもって痛感してから、まずやったことは、着付け講師の免状を取ることでした。すると、個人として着付けの仕事が入ってくる。成人式などで多くの着付け師たちを束《たば》ねるリーダー役を頼まれる。着物ショップでの対応やコーディネートも頼まれる……と、仕事が広がっていくのです。

「〝あなた〟にお願いしたい」と言われることは、一つの自信です。

これからの時代、女性であっても老後に働く可能性は大いにあります。

私はつねづね「60歳までにコツコツ貯金をするより、60歳で月10万円稼げる人になろう」と書いています。いまは何のスキルがなくても、5年後、10年後に焦点を合わせれば、それは可能でしょう。

経済的な問題もありますが、何より「人に必要とされる」ということは、年を重ねたときにいちばんの誇りになるはずです。

何かのスキルや資格を身につけるなら、〝アウトプット〟できること、つまり、それを披露したり、使えたりすることが肝心です。

ある男性作家は、天ぷらを揚げる特技をもっています。ほかの料理は何もできなくても、天ぷらの揚げ方だけはお見事。なんでも天ぷら専門店の料理人から指導を受けたとか。で、年に何度か、天ぷらパーティを開いて、その技を披露します。

多くの女性にとって、天ぷらという料理は油が跳《は》ねたり、後処理が面倒だったりして、日常的には避けたくなるメニューでしょう。しかも、男性に料理をしてもらうというのは、うれしいもの。たいへん喜ばれて、そのパーティは大盛況なのです。

たった一つの技術で人を感動させる、効果的なスキルの習得です。

いくつもの資格をもっていても使えなければ、宝のもち腐れになり、錆《さ》びついてしまいます。それより、たった一つだけでも「これだけは、誰にも負けない」「これには自信がある」ということがあったほうが、引き合いは多いものです。

とくに、誰もやっていない〝隙間〟となること、人と一味違う〝差別化〟が図《はか》れることは、その場所での自信をつくってくれます。

「どんなことをしたら、喜ばれるのか」「何が必要とされているのか」といつも考えていれば、自然に自分の道ができていくのではないでしょうか。

慣れることで恐れを乗り越えていく

知人で30歳をすぎてから、交通事故で全盲になった男性がいます。

もともとデザイナーだった彼は、そこから専門学校に通って資格を取り、針灸院《しんきゅういん》を開業しただけでなく、ブラインドサッカーやサーフィン、合気道、盲導犬と一緒の海外一人旅など、さまざまなことに挑戦しています。もちろん、人にいえない苦労もあるのでしょうが、「困難を乗り越えて」といった気負いはなく、いつも飄飄《ひょうひょう》としていて、「目が見えなくなって新しい人生が始まった」と考えているのだとか。

彼は、まるで人生の冒険をしているようです。

自分の〝枠〟を決めないで、「薬膳《やくぜん》のサロンをやってみよう」「映画の上映会をしよう」「海外で合気道を教えよう」と、次々に新しいことを考え出し、人を楽しませているので、いつも彼のまわりには人が集まってきます。

発想が自由でおもしろいのは、デザイナーとしての糧《かて》が役立っているのかもしれません。

「サッカーで走ったり、知らない場所に行ったりするのは、怖くありませんでしたか？」

と訊《き》いたことがあります。

「もちろん、最初は怖いですよ。たとえばサッカーの練習では、鈴の音がする方向に走るんですけど、みんなに取り残されて一人になってしまうのが恐怖でした。でもだんだん慣れてくれば、ふつうに走れるようになるし、怖さはなくなってくるんです」

これこそ、自分を信じるということなのだと感動するとともに、「恐怖をなくすのは〝慣れ〟」という言葉が、ものすごく腑に落ちたのです。

自信メーターを上げていこう

まわりが怖いときに、〝自信メーター〟は、著《いちじる》しく減るものです。

たとえば、私は最初に講演をしたときは、聴衆が30人ぐらいでも、大変な恐怖がありました。「人からどう思われるんだろう」「話がつまらないと思われるんじゃないか」と悪いことばかり考えていたからです。

でも、何度もやっていると、「これでいいんだ」とか「いくらか役立っている」といった手応えを感じて、だんだん恐れはなくなっていきました。

いまは1000人ぐらいが相手でも、それほど緊張することはありません。もちろん、やったことがないことはいくらか怖いですが、すべては〝慣れ〟で解決するのです。

そういえば、海外一人旅も、フリーランスとして生きていくことも、仕事の締め切りが迫っていることも、これまであったものを失うことも、大抵のことは慣れてしまえばへっちゃらです。

先日、ある会社の人から、こんなことを聞きました。

「新卒で入った人は、伸び伸びとしている。はっきりと意見も言うし、間違っても堂々としている。あれって、まわりを怖がっていないからだと思う。それに対して、中途採用で入った人が、いろいろな場面で萎縮しているのは、そこでは新参者として見られているから。『こんなことを言ったら、どう思われるのか』『何か実績を出さなきゃいけないんじゃないか』といった恐怖があるから、伸び伸びと振る舞えないんでしょうね」

きっと新参者であっても、そこで自分の役割を見つけたり、ぶつかりながらも自分の意見が採用されたりして、まわりに慣れていくうちに、恐れはやわらいでいくのでしょう。「大丈夫なのだ」「怖くないのだ」と感じることが、自分を信じることになっていくはずです。

先の知人は、見えないことで、たくさんのうまくいかないこともあるそうです。道を間違えて迷うこともあるし、食べたいと思って買ったものが違う味のこともある。そんなときは、人に訊ねる会話を楽しんだり、「〝運試し〟にしよう」とユーモアをもって、その状況に向き合うといいます。

うまくいったら自信に、うまくいかないときも、コミュニケーションとユーモアに換《か》えていく……そんな姿は本当にかっこよくてしびれます。

結果を怖がらずにやってみる、慣れていくということが、自信メーターを少しずつ上げていくことになるのでしょう。

「いまの自分」に敬意をもって、人生の冒険を楽しみながら進んでいきましょう。

いちばん大きな自信は、これまで生きてきたこと

人それぞれ、いろんな自信があるものです。学歴に自信をもっている人、きれいな容姿に自信をもっている人、家柄や家族に自信をもっている人、お金や高価なものに自信をもっている人、自分の仕事に自信をもっている人……。

一つひとつが大切な自分の一部分であり、自分に対する〝信頼感情〟になるでしょう。でも、いちばんの財産であり、いちばん信じられることといったら、「これまで生きてきたこと」ではないかと思うのです。なんとなく生きているようでも、そこにはかならず、何かしら動いてきたこと、感じてきたことがあるはずです。

私たちは、自分が「どんなふうに生きてきたか」ということを、誰よりもいちばんよく知っていて、それをもとに人生の選択をします。

自分を否定ばかりしていては、それなりの選択しかできません。

自分を肯定していれば、大胆な挑戦もできるでしょう。

人は過去の記憶から、未来をつくっていく生き物なのです。

自分がつくってきた道のりを後悔しない

私たちは心の奥に、自分のことを描くキャンバスをもっている、と考えるといいでしょう。

自分の過去を振り返って「こんなすばらしいものを得てきた」「こんなことができるようになった」「つらかったけど、なんとか乗り越えてきた」という誇りをもてたら、自分を明るい色で描くでしょう。

反対に、「ひどいことをしてしまった」「どうしてこんな選択をしてきたのか」と後悔や恥じる気持ちが強ければ、自分を暗い色で描くはずです。

ときどき「不満はないけれど、不安はある」という人がいます。

仕事や人間関係で心がくじけて、「やっていく自信がない」という人もいます。

そんな人は、自分のことをグレー、または真っ黒に描いているのかもしれません。

しかし、幼い行動をとってしまったことや、間違った選択をしていても、そのときは、そうせざるを得ない事情があったはずです。

「ああすればよかった」と後悔するのは、何かしら損をしたと思っているのでしょうが、いいではありませんか。少しぐらい損をしても。

「損はしたくない」というちゃちな感情は捨ててしまいましょう。

損をすることを恐れていては、大きな喜びを見失ってしまいます。人生は、いくらでも挽回できるのです。

起こったことを否定することは、とても苦しく、疲れるものです。

自信がない状態で生きていくのは、ある意味、苦行です。

どんな歴史であっても「健気《けなげ》にがんばってきた自分」を見つめることができたら、それほど否定的な人生ではなかったのではないでしょうか。

過去のあらゆることを乗り越えてきた。支えてくれる人もいた。それを自信にすれば、これから先も生きていけるでしょう。

ただ生きてきた、それだけですばらしい〝奇跡〟なのだと考えることで、心のキャンバスは、明るく塗りかえられていきます。

私たちは、自分自身の姿を描きたいように描いているのです。

自分を信頼できないなんて、もったいないでしょう?

私は、自信がないところがたくさんあります。

ただ、「後悔しないこと」「正直に生きること」、それからいくつかの信条とすることがあって、それに反する行動をしないようにするだけでも、何かの選択をするときに、自分を信じられているように思います。

特別なことをしなくても、「こんなことをやると格好悪い」と思うことをやめるだけで、自分を嫌いにならなくて済みます。

結果的にうまくいかなくても、自分で選んだことだから、それでいいのです。

自分のつくってきた道のりを肯定しながら生きていこうではありませんか。

「これまで生きてきた」という確固たる事実が、いちばんの自分の応援団なのです。

自信の正体は〝愛〟と〝自由〟だった

これまで〝自信〟ということについて、いろいろと書いてきましたが、自信とは、ひと言でいうと、〝愛〟なのだと、私のなかに一つの確信があります。

自分にはたくさんのいいところがある、これまでの人生もなかなか捨てたものではない……そんな自分への愛をもっていたら、自分を信頼することになるでしょう。

いろいろあるけど、まわりの人はそれぞれいいところがあって、自分を助けてくれる……そんな他人への愛があれば、人を信頼し、自分も信頼することになります。

自分の会社に誇りをもっている人がいます。

そんな人は、自分の会社が好きでたまらないのです。

営業をしている人で「私はこの商品に自信をもっています！」という人がいます。

そんな人は、その商品が好きでたまらないから、自信をもって勧められるのでしょう。

自分の家族を誇りにしている人もいます。

そんな人は、家族を愛してやまないから、それが心の支えになっているのです。

自分のもっているもの、自分の置かれた場所を誇りに思い、愛していけば、自然に自信になっていく、と考えられませんか？

〝愛すべき自分〟を一人の人間として敬意をもって、大切に扱いましょう。

たとえ未熟な部分があったとしても、愛をもって「それも自分。いいではないか」と肯定しましょう。

気に入らない人がいたとしても、「あの人もいろいろな事情があるのだろう」「至らないところがあるのはお互いさま」と愛をもって理解しようではありませんか。

自信をもって生きるためには、〝愛〟をもって受け入れることです。

自分がどんなにすばらしいのか、自分がどんなにダメなのかと、自分の価値を決めるのは、誰でもなく自分自身。私たちは、自分の姿を見たいように見ているのです。

自信をなくしそうになったら、「愛が足りないなぁ」とつぶやいてみてください。

自分や何かを嫌いになることから、好きになること、認めること、大切に扱うことに焦点を変えるときです。

本当の自信というものは、立派になったから自信をもてる、「～だから自信がもてる」と条件つきで身につくものではなく、どんな自分であってもいまの自分に〝OK〟を出す「精神的なゆたかさ」なのです。

とことん自分とつき合っていく

もう一つ、私には一つの確信があります。

それは「人生は〝自由〟なのだ」ということです。「～でなければならない」「～しかできない」という不自由な思い込みが、私たちから自信を奪《うば》っていきます。

好きなように生きていいのです。

自分が人生という航路の舵《かじ》をとっていると考えれば、どこに進んでもいい。自分を喜ばせる方向にぐんぐん舵を切っていけばいいのです。

いいえ、そもそも航路なんてないのです。

人生には、比較も勝ち負けも存在しません。ただ、自分が生きてきたという事実と、どれだけ満足な人生であったかという感情が残るだけです。

それは、それぞれが幸せでゆたかな人生の航路を進めるということでもあります。

長期にわたってつき合っていく、たった一人の自分をとことん愛していきましょう。

そして、いいところも悪いところもある隣人を愛して、美しくもあり汚いところもある世界を愛して、笑いや涙のある毎日を愛していきましょう。

何のかんのいっても、そのすべてが大切でかけがえのない自分の一部なのです。

遠まわりになっても、休み休み行っても、ＯＫ！

もし、いま自信をなくしている状態なら、ちょっと厳しいことを書きます。

まさか「人生は思い通りにいく」とは思っていませんか？

人生というゲームを舐《な》めたらいけません。

そんなに簡単に攻略できるものではないのです。

でも、簡単ではないから夢中になるし、おもしろいとも言えます。

私たちは、「努力すれば夢がかなう」とか「コツコツがんばれば目標を達成できる」と教えられて、それはある意味、間違いではないでしょう。

しかし、そうはうまくいかないのが人生。世界は自分を中心にまわっているわけではないのですから。

たとえば、私はデビュー作から4冊目ぐらいまでは、自分でもびっくりするぐらいに売れて、「なんて、うまくいくんだろう」「私は何でも書けるんじゃないか」といった自信がふっと降りてくることがありました。

ところが、5冊目から立て続けに数冊、ぱったり売れない。自分ではいいものを書いているはずなのに、どうしてなのだろうと思うわけです。

「私が書けると思ったのは大きな勘違いで、これが本当の実力なのだ」と思い始め、それまで降って湧いた自信は、もろくも崩れ去ってしまいました。

それでも、やめるわけにはいかないから、「じゃあ、こんなテーマにしたほうがいいんじゃないか」「もっと書き方を変えたほうがいいんじゃないか」とあれこれ考えるようになります。「思い通りにならない」とわかったから、謙虚さを取り戻して態勢を整え、本気で取り組もうとしたのです。

その段階で、うまくいかなかったことは一つの幸運だったと言えます。

いまの私を支えてくれているのは、過去の栄光よりも、「思い通りにいかなくても、それを乗り越えて続けてきた」という自信のほうが大きいように思います。

過去の栄光は、ちょっとしたことで揺らいだり、時間がたてば風化したりするものです。それが通用しない場所では何の役にも立ちません。が、しんどい思いをしてつけた自信は意外に強固で、人生のいろいろな場面で使えます。これからさまざまな自信をなくすような出来事があっても、どうにか進んでいけそうな気がするのです。

あれこれあっても、前へ前へ

「思い通りにいかないのだ」という、ある意味、嫌な体験をすると、それを突破するために、あれこれ工夫をして試みるようになります。

昨今は、叱られた人が会社に来なくなったり、そのまま引きこもったりすることもあるようですが、もっと早い段階で思い通りにならない経験が必要だったのかもしれません。「そりゃあ、世の中、嫌《いや》なことはあるでしょ」と身をもって知っていれば、叱れるコツも立ち直るコツも覚えていくでしょう。

恋愛も痛い経験が必要です。傷つくことを避けてばかりいると、自信もつきません。「恋愛なんてものは、思い通りにいくはずがない」とわかっていれば、思い切ってぶつかったり、学習したりすることもできるはずです。

自信の一つは、むずかしいことを乗り越えたときに身につくものです。親からも叱られず、痛い思いもすることがなければ、自信をつけるチャンスもないでしょう。

思い通りの結果が出なかった、思い通りの仕事につけなかった、とんでもない過《あやま》ちを犯《おか》してしまったなど、一見よくないことでも、あとになってプラスに転じることは多々あります。「あそこをくぐり抜けたから、いまの自分がある」というように。

一つの目標に執着しすぎず、休み休み行くのも、遠まわりするのも、また人生です。

まぁ、しんどい渦《うず》のなかにいるときは、そう考える余裕はないでしょうけれど。

思い通りにいかないことは、一つの通過点にしかすぎません。そんな事態を怖がったり、あきらめたりするのではなく、「まあ、こんなこともある」と進んでいきましょう。

あれこれあっても前へ前へと進んでいれば、いつか「人生って思い通りになるもんだ」という場所にたどり着くと、私は密《ひそ》かに信じているのです。

自分を信じる力が、あなたの可能性を開く！

昭和の大作家、宇野千代さんは、『おはん』という作品を書いたあと、一行も書けなくなってしまったそうです。「私にはもう書けない。詩想が枯渇《こかつ》する年齢に達したのだ」という思いで、作家としての仕事をぱったりとしなくなります。

それから17～18年後、師と仰《あお》いでいた中村天風先生が、

「人間は何事も自分の考えた通りになる。

できないと思うものはできない。

できると信念することは、どんなことでもできる」

と言われたことを思い出して、ほんの2~3行、書いてみたところ、書けた。一枚書いてみたら、書けた……。

「ひょっとしたら私は書けるのではあるまいか」

という思いが湧き上がった途端、蘇生《そせい》したように書き始めたといいます。

80代で書いた『生きて行く私』など、晩年の作品のほうが評価を得ています。

宇野千代さんは、こんなことを書いています。

「信じるということは面白いことである。(中略)自分には、これっぽちの力しかない、と思っていたときと、これっぽちの力を大切にし、そして、その上にもまた積み重ねていく力があるかもしれない。いや、ある、と思うようになったときとは、違う」

ほんの少しの力でも、コツコツ積み重ねていこうとするとき、私には私の希望があるのだ、と。

「答え」は自分で決めていけばいい

自信というのは、確実にできる、ということではなく、その根拠がはっきりとあることでもなく、ひょんな拍子から「おや？　いけるのではないか」とイメージできること、希望をもてることなのです。

反対に、何かの拍子に「私にはムリかも……」と思った途端、急にできなくなったり、スランプに陥《おちい》ったりすることもあります。

自分の心に「できる」という〝暗示〟がかかっているとき、自分でもびっくりするようなことができてしまうことがあります。

何かの仕事に挑戦すること、恋愛をすること、おしゃれをすること、人間関係を良好にすること……。どんなことにおいても、「私にもできるのではないか」と思う瞬間が、現実をつくっていきます。

宇野千代さんの本にあるように、「できるか、できないか」に大きな差はなく、「できると思うか、できないと思うか」の差なのかもしれません。

だから、「いけるかも」と思った瞬間のちっぽけな自信をギュッとつかんだら、けっして手放してはいけないのです。

たとえ一瞬、「できないかも」という思いがよぎったとしても、そのことは大急ぎで振り払ってしまえばいいのです。

宇野千代さんは、「いま現在、表れている能力は、実は氷山《ひょうざん》の一角である」といっています。その大きな能力を引っ張り出す鍵が、自分を信じる気持ちなのでしょう。

人生で自分の力がどれくらいあるのか試してみることほど、楽しいことはありません。

自信があるのか？　できるのか？

答えは「ＹＥＳ」でもあり、「ＮＯ」でもあり。

あなたの心が決めることです。

●著者プロフィール

有川真由美 ARIKAWA MAYUMI

作家・写真家。

鹿児島県姶良市出身、台湾国立高雄第一科技大学応用日本語学科修士課程修了。

化粧品会社事務、塾講師、科学館コンパニオン、衣料品店店長、着物着付け講師、ブライダルコーディネーター、フリーカメラマン、新聞社広告局編集者など、多くの職業経験を生かして、働く女性のアドバイザー的な存在として書籍や雑誌などに執筆。40カ国以上を旅し、旅エッセイやドキュメンタリーも手がける。

著書は、ベストセラー『感情の整理ができる女は、うまくいく』『一緒にいると楽しい人、疲れる人』(PHP研究所)『旅するように生きてみたら』(毎日新聞出版)、『感情に振りまわされない―働く女のお金のルール』『人にも時代にも振りまわされない―働く女の仕事のルール』『「時間がない」を捨てなさい』(小社)、他多数。

たった一つの自信があれば、
人生は輝き始める

2017年10月1日　初版第1刷発行

著　者　有川真由美
発行者　櫻井秀勲
発行所　きずな出版
東京都新宿区白銀町1-13　〒162-0816
電話 03-3260-0391
振替 00160-2-633551
http://www.kizuna-pub.jp/
ブックデザイン　福田和雄（FUKUDA DESIGN）
装　画　藤原千晶
編集協力　ウーマンウエーブ
印刷・製本　モリモト印刷

 ISBN978-4-86663-011-3

きずな出版

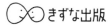